_____ 드림

초판 1쇄 인쇄 2018년 1월 17일
초판 1쇄 발행 2018년 1월 24일

지은이 최고은

발행인 장상진
발행처 (주)경향비피
등록번호 제2012-000228호
등록일자 2012년 7월 2일

주소 서울시 영등포구 양평동 2가 37-1번지 동아프라임밸리 507-508호
전화 1644-5613 | **팩스** 02) 304-5613

ⓒ 최고은

ISBN 978-89-6952-228-3 03810

· 값은 표지에 있습니다.
· 파본은 구입하신 서점에서 바꿔드립니다.

최고은 지음

경향BP

*사실, 이 책은
당신을 위한 책이 아닙니다*

- 글을 쓰게 된 계기가 무엇인가요. 영감은 어디서 받나요.
평소에 내가 가장 많이 듣는 질문 중 하나다. 그리고 이에 대한 대답은 〈오늘의 우울〉을 쓰기 시작한 작년부터 지금까지 여전히 같다.
- 제가 제 스스로를 안아주기 위해서요.

그래, 사실 이 책 안에 담긴 글들은 다른 누군가를 위해 쓴 것이 아니다. 내게 던지는 위로이자 뱉어낼 곳 없는 감정을 잔뜩 들이부은 자국들일 뿐이다. 그래서 어느 글에서는 미친 듯이 날카로운 비수를 던지다가도, 어떤 글에서는 세상에서 가장 넓은 포옹을 선사하기도 한다. 이 책은 내가 나의 감정들과 처절하게 싸운 흔적의 모음집과 같다.

어느 날 문득, 사람들은 모두 어쩔 수 없이 자기 자신을 중심으로 살아간다는 것을 깨달았다. 내가 힘든 일이 있다고 몇 시간을 털어놔도 어쩔 수 없이 그들에게는 남의 이야기일 뿐이었던 거다. 그렇기에 남이 해주는 위로는 늘 어딘가 만족스럽지 못했고, 결국 힘들어도 혼자서 꾹꾹 눌러 담고 숨겨버리는 경우가 점점 늘어났다. 겉으로는 가장 맑고 행복한 아이지만 속으로는 상처투성이인 채로 버티며 살아왔다. 하지만 연기하는 것에도 한계가 있었다. 나도 다른 사람들처럼 위로가 필요했고, 포옹이 필요했다.

그러나 너무 오랫동안 아픔을 참아와 상처의 원인조차 모르는 내게 다른 사람들의 위로가 도움이 될 리가 없었다. 그래서 어쩌다 잡은 게 펜이었고, 어쩌다 쓰게 된 게 〈오늘의 우울〉이었다.

- 나는 왜 우울할까?

사소한 질문으로 시작한 말풍선들은 막힘없이 오래오래 이어졌고, 그 이어짐의 끝에는 늘 내 아픔에 대한 답이 있었다. 우울한 감정이 밀려올 때마다 나는 포스트잇과 펜을 집어 들었고, 내가 써내려간 문장들에게 따뜻한 포옹을 받았다.

참 이상한 일이다. 그렇게 스스로를 안아주기 위해 쓰기 시작했던 글들이 어느새 꽤 많은 사람들의 공감을 사게 되었다. 분명 그들을 위해 쓴 글이 아니었음에도 불구하고 그들은 내 글에 담긴 것과 같은 감정을 느꼈다고 말하며 내게 감사하다고 했다. 그리고 나는 그들의 공감에 더 큰 힘을 얻었다.

이 책의 글들은 분명 당신을 위해 쓰이지 않았지만, 그렇기에 어쩌면 더욱 당신과 비슷한 생각이 담겨 있을지도 모른다. 나는 그 누구보다 솔직하게 이 책을 썼고, 부디 당신도 이 책을 읽으며 스스로에게 솔직해지기 바랄 뿐이다.

그리고 가끔은 그대도 그대 스스로를 안아주는 시간을 가질 수 있다면 좋겠다. 이 책을 통해서든, 좋아하는 영화를 통해서든, 음악을 통해서든, 뭐든 상관없다. 내가 글을 쓰며 스스로를 안아주는 방법을 깨달은 것처럼, 그대도 무언가를 통해 스스로를 위로하는 법을 배울 수 있다면 좋겠다.

2018년, 언제나처럼 우울한 밤을 보내며,
최고은

사실, 이 책은 당신을 위한 책이 아닙니다 ∞∞∞∞∞∞ 4

제1장 불완전함의 우울

001 다정함 ∞∞∞∞∞ 16

002 방안 ∞∞∞∞∞ 18

003 세상의 기준 ∞∞∞∞∞ 20

004 이유 ∞∞∞∞∞ 22

005 두려움 ∞∞∞∞∞ 24

006 멈춤 ∞∞∞∞∞ 26

007 열정의 온도 ∞∞∞∞∞ 28

008 노력과 결과 ∞∞∞∞∞ 30

009 서서히, 더 나은 방향으로 ∞∞∞∞∞ 32

010 꿈의 자격 ∞∞∞∞∞ 34

011 경험 ∞∞∞∞∞ 36

012 앞 ∞∞∞∞∞ 38

013 응원 ∞∞∞∞∞ 40

014 절실함 ∞∞∞∞∞ 42

015 우물 안 개구리 ∞∞∞∞∞ 45

016 소망 ∞∞∞∞∞ 48

017 만족 ∞∞∞∞∞ 50

018 적당히, 열심히 ～～～～ 52

019 겨우 단점 하나 ～～～～ 54

020 다시 시작 ～～～～ 56

021 '나'의 인생 ～～～～ 58

022 사소함의 중요성 ～～～～ 60

023 포장 ～～～～ 62

024 불안의 반대말은 실천 ～～～～ 64

025 청춘으로 떠나요 ～～～～ 66

026 어쩔 수 없는 것 ～～～～ 68

027 한 마리 토끼 ～～～～ 70

028 이 지금 ～～～～ 72

029 개인주의, 이기주의 ～～～～ 74

030 제자리 ～～～～ 76

제2장 마음 깊은 곳의 우울

031 바라는 것 ······ 80

032 공간 ······ 82

033 손톱 ······ 84

034 익숙함 ······ 86

035 역할 ······ 88

036 괜찮은 척 ······ 90

037 별똥별 ······ 92

038 듣고 싶은 말 ······ 95

039 당연한 일 ······ 98

040 기댈 공간 ······ 100

041 감정기복 ······ 102

042 감추려 했던 ······ 105

043 다 괜찮아 ······ 108

044 눈물 ······ 110

045 강한 사람 ······ 112

046 저기, 미안한데요 ······ 114

047 괜찮지 않아도 괜찮아 ······ 116

048 감정적 ······ 118

제3장 그대와 나 사이의 우울

049 모래성 ·········· 122

050 이해보단 인정 ·········· 125

051 결국 ·········· 128

052 차라리 ·········· 130

053 보상심리 ·········· 132

054 감정소모 ·········· 134

055 치료 ·········· 136

056 흔적 ·········· 138

057 잊힌다는 것 ·········· 140

058 판단 ·········· 143

059 소중한 사람 ·········· 146

060 깨진 거울 ·········· 148

061 감정의 전달 ·········· 150

062 문자 ·········· 152

063 리셋 ·········· 154

064 청소 ·········· 156

065 색안경 ·········· 158

066 특별함 ·········· 160

제4장 시선 사이의 우울

067 나만의 색 ·········· 164

068 당당한 우울 ·········· 166

069 자기 합리화 ·········· 169

070 나답게 ·········· 172

071 신념 ·········· 174

072 느림의 미학 ·········· 176

073 문턱 ·········· 178

074 달에게 ·········· 180

075 마스크 ·········· 182

076 시선 ·········· 184

077 기대 ·········· 186

078 변덕 ·········· 188

079 근데 있잖아 ·········· 190

080 원망 ·········· 192

081 찬바람 ·········· 194

제5장 결코 우울하지 않은 우울

082 색칠 ~~~~~ 198

083 약속 ~~~~~ 200

084 우유 ~~~~~ 202

085 망상 ~~~~~ 204

086 전부 ~~~~~ 206

087 우주가 꽃을 피웠다 ~~~~~ 208

088 감기 ~~~~~ 210

089 B에게 ~~~~~ 212

090 부디 ~~~~~ 214

091 영원 ~~~~~ 216

092 봄 ~~~~~ 218

093 좋은 시 ~~~~~ 220

094 응답 없음 ~~~~~ 222

095 추억 ~~~~~ 224

096 무의미한 대화 ~~~~~ 226

097 꽃밭 ~~~~~ 228

098 나를 위해 ~~~~~ 230

099 꽃말은 사랑 ~~~~~ 232

100 사랑하는 순간 ~~~~~ 234

101 온도 ~~~~~ 236

102 욕심 ~~~~~ 238

당당하게 우울한 사람이 되세요 ~~~~~ 240

불완전함의 우울

제1장

001

다정함

스스로에게만은 한없이 다정한 사람이 되세요.
어쩌면 그대가 친구들에게 내뱉었던 수많은 위로들은
스스로에게 더 필요한 말들이었을지도 몰라요.

방안

나는 아직 내 방문 밖으로 나서지 못해요.
다른 사람들은 쉽게만 넘는 저 문턱이
내게는 아직 너무나 높은걸요.

난 여전히 방 안에 머물러 있는데,
사람들은 벌써 집 밖을 나서고 있네요.

내 방 문턱은 여전히 높은데,
난 여전히 이 자린데,
세상은 날 기다려주지 않네요.

003

세상의 기준

난 그리 거창한 꿈을 꾸고 있지 않은데,
아주 소박한 삶이라도 그 속에 작은 행복만 존재한다면
충분히 만족할 수 있는데,
세상은 자꾸만 더 큰 목표를 바라보길 요구합니다.

만족하면 발전하지 못한다고 합니다.
언제부터 우린 만족하지 못하는 삶을 강요받고
있었을까요.

 나 오늘 칭찬 엄청 많이 들었어!

내가 모르는 사람도 내 글이 좋다고 했대.

거창한 꿈 같은 거 다 없어도 될 것 같아.
이대로 소소하게 행복 느끼는 게 더 좋아.

또 현재에 만족하고 있지.

 꼭 발전해야만 하는 거야? #오늘의 우울

2016.09.02

004

이유

모든 일에 하나하나 의미를 부여하고
부여된 의미에 기뻐하기엔
세상은 너무 바쁘게 돌아간다.

당연히 모든 일에는 마땅한 이유가 있고
그 이유가 우리에게 늘 만족스러울 수는 없는 거다.
단지 나와 맞지 않는다는 이유로
그 일을 무시해버린다면 그건 너무 무책임한 거 아닐까.

005

두려움

넘어지는 게 아프지 않았더라면
아마 우리는 제대로 걸으려는 시도조차 하지
않았을 거야.

아프기에 더욱 발전하는 거고,
아팠기에 지금의 우리가 있는 거지.

그러니 우리는 아픔을 마음껏 두려워하자.
심장 깊숙이 파고 들어오는 아픔을 온몸으로 느끼자.

그렇게 상처를 만들고, 흉터를 피워내
두 번 다시 넘어지는 일이 없도록.

왜 그때 당당하게 일어서지 않았을까,
후회하는 일이 없도록.

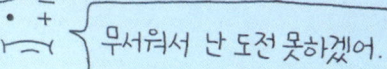 무서워서 난 도전 못하겠어.

충분히 두려워해도 돼.
두렵고, 다쳐봐야 다시는
같은 상처가 나지 않을 테
니까. 넘어져도 툭툭 털고
일어날 수 있을 테니까.

#오늘의우울
2017.06.28. WED

멈춤

하고 싶은 일이 생기지 않는다면
생기지 않는 대로 있어도 괜찮아.

가만히 멈춰 있는 게 불안하다고 해서
남들이 가는 길을 무작정 따라가다간
찾을 수도 있었던 너만의 길마저
잃어버릴지도 몰라.

그러니 가끔은
아무것도 하지 않아도 괜찮아.
길을 찾으려면 갈림길 앞에서
고민하는 시간이 당연히 필요한 법이야.

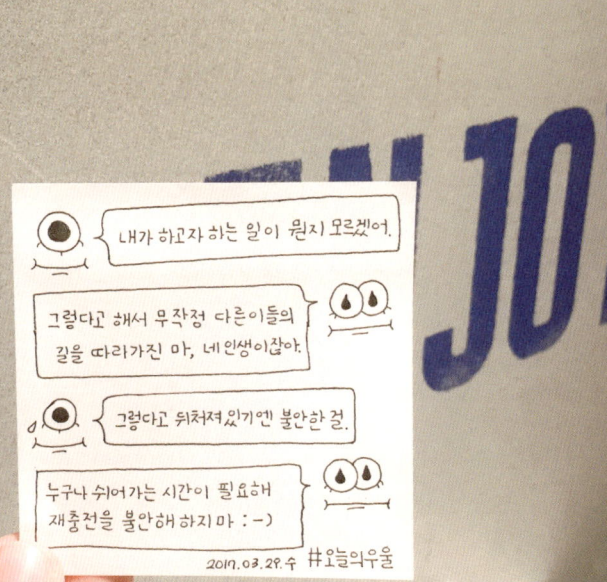

007

열정의 온도

산불이 어디에서 시작된 건지 따라가 보면
늘 작고 사소한 일이었어.

누군가가 버린 물건을 장작 삼아 살아남았던 그 작은
불씨 때문에 그렇게나 큰 숲 전체가 활활 타올랐던 거야.

네 몸속에도 어쩌면 네가 무심코 버린 감정을
어떻게든 붙잡아 놓고 꺼지지 않으려 노력 중인 불씨가
있을지도 몰라.

그러니 쉽게 물 뿌려버리지 말 것.
작은 불씨라고 무시하지 말 것.
어느 순간, 활활 타오를 수 있게 작은 장작나무
하나쯤은 준비해둘 것.

100도가 되기 직전인 99도의 물과 미지근한 0도의 물이
겉모습에서는 크게 차이가 없다는 사실을 잊지 말 것.

008

노력과 결과

분명히 노력을 했음에도 불구하고
결과가 완벽하지 못할 때가 있다.

예상하지 못한 장애물이 툭 튀어나올 때도 있고
빛나는 걸 보고 몰려든 벌레들로 인해 망쳐버릴
때도 있다.

전부 어쩔 수 없는 것들이다.
한탄하는 네게 그냥 잊어버리라며 운이 좋지 않았다고
말하는 사람들이 밉겠지만, 사람들의 말처럼 정말
그렇게 쉽게 넘겨야 하는 일들 중 하나인 거다.

세상은 늘 친절하지 않다. 하지만 늘 불친절한 것
또한 아니다.
가끔은 다디단 사탕을 줄 때도, 쓰디쓴 한약을 줄 때도
있는 거다.
성공의 달달함에 너무 취하지 않도록,
네가 한 일에 대한 보상을 당연하게 생각하지 않도록.

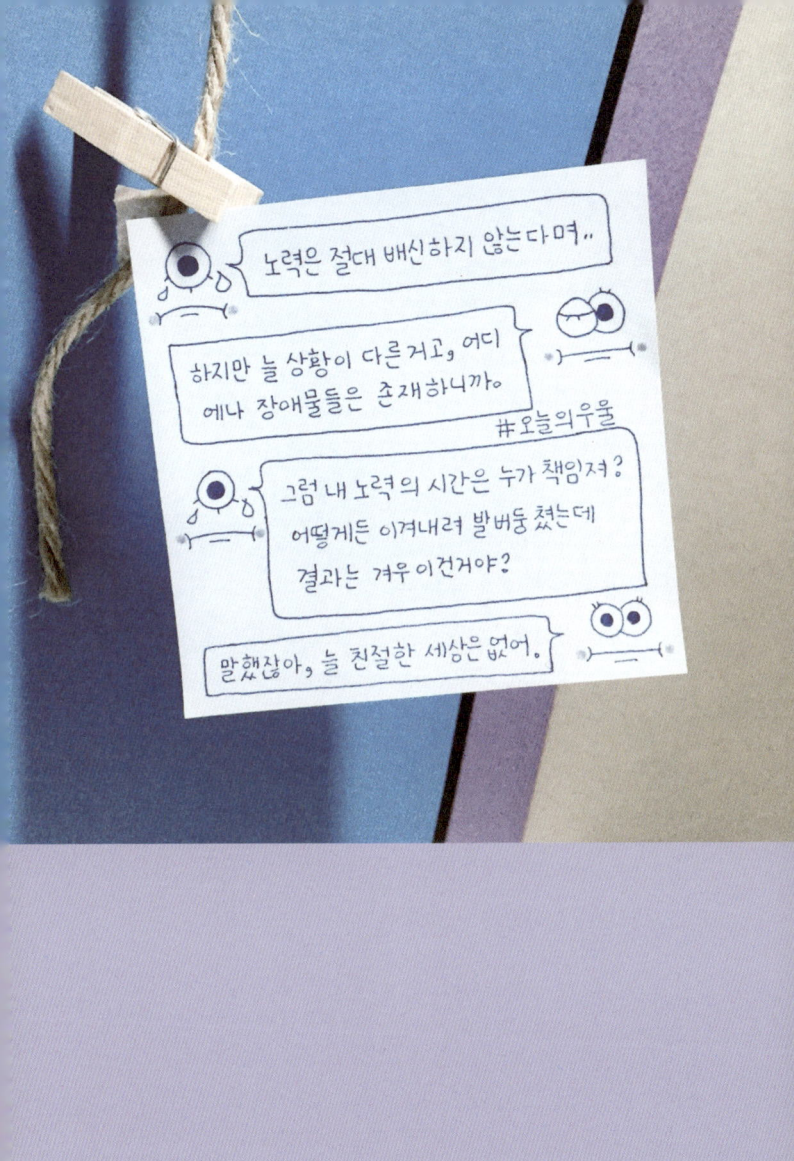

009

서서히, 더 나은 방향으로

우리는 거북이가 되자.
상처가 낫는 데도 어느 정도의 시간이 필요하듯
고장 난 우리의 어딘가도 정상적으로 돌아오기까지
시간이 걸리기 마련일 테니까.
작은 고장 때문에 생긴 실수들을
사람들이 내 실력으로 단정지어버려도 조급해하지 말자.
날쌘 토끼만을 원하는 사회임을 알지만,
그래도 우리는 그저 꿋꿋이 거북이답게
천천히 다리에 기름을 덧칠해주자.
그렇게 조금은 느리지만
서서히 더 나은 방향으로 나아가는,
거북이가 되자.

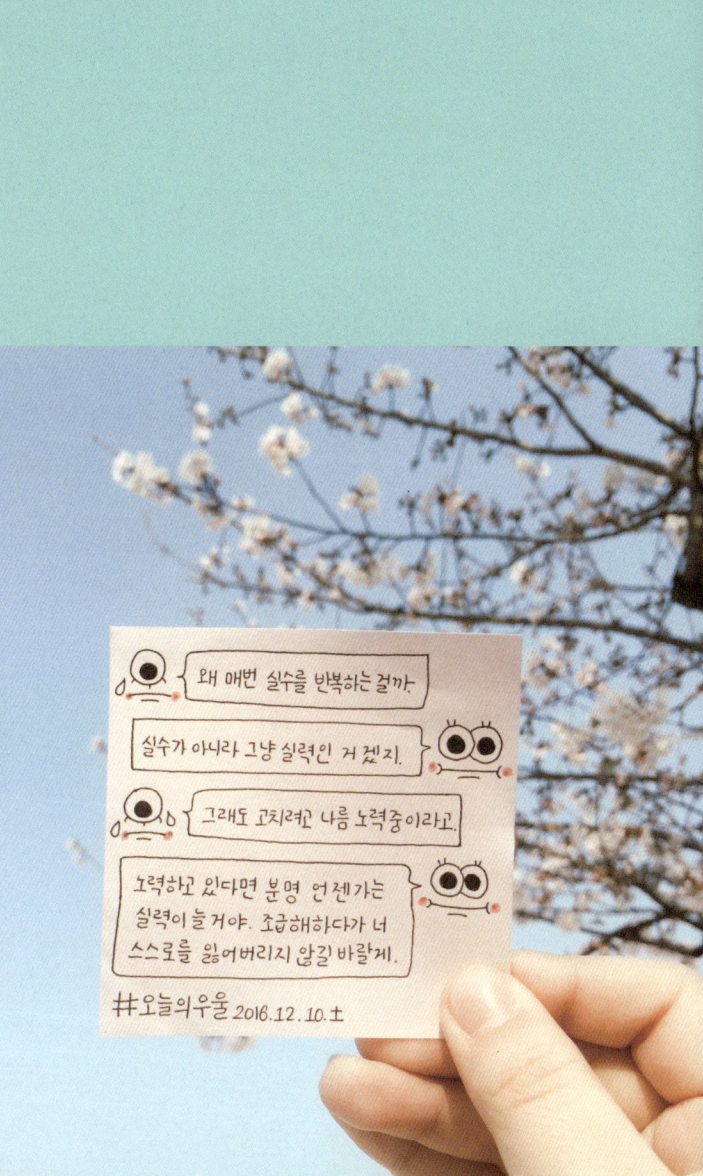

010
꿈의 자격

난 언제부터 꿈을 현실에 맞춰서 꿔야 하게 되었는지
궁금해.
사람마다 각자 다른 능력을 갖고 있는 건 맞아.
그래서 어떤 이는 하루 만에 끝내는 일을
누군가는 1년 넘게 붙잡고 있기도 한 거지.
하지만 남들보다 조금 늦는 거지 이뤄지지 않는 건 아냐.

겨우 두려움 때문에 하고 싶은 일을 포기하진 마.

꿈은 우리에게 아름다운 휴양지이자 현실의 탈출구지,
내 몸에 맞는 사이즈로 골라 입어야 하는 옷이 아니잖아.

가끔 그런 생각이 들어, 내 수준에 맞지 않게 너무 높은 꿈을 꾸고 있는걸까 싶은.

이미 높은 위치에 있는 사람들도 계속 꿈을 꿔, 네 위치랑 꿈은 전혀 관계가 없다고 보는데 난.

#오늘의우울 2017.01.07.土

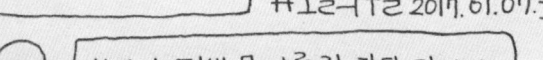 하지만 평생 못 이룰것 같단 말이야.

그래야 좀 꿈답지 않겠냐, 답답한 현실을 살아가려면 미친 망상도 필요해.

011

경험

온라인 쇼핑몰에서 대충 눈대중으로 옷 사는 것에
너무 익숙해져버린 걸까 싶어.
세상에 나가며 내가 입어야 할 옷은
사실 편하고 예쁜 옷이 아니라
내게 딱 맞아야 하는 작업복인데 말이야.
그런 옷들은 입어보기 귀찮아도
하나하나 내게 딱 맞는 사이즈인지 확인해봐야 하니까.
입지 않고선 알 수 없으니까.
세상에 나간다는 건 그런 거니까.

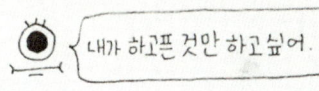 내가 하고픈 것만 하고싶어.

 하지만 세상은 절대 안그래.

 필요없어보이는데 대체 왜 해야하는걸까.

네눈에 예쁜옷만 매일 입을수는 없잖아. 입어 보지 않고서 너에게 맞는지 안맞는지는 절대 알수없어.

#오늘의우울 2016.10.11

앎

문득 나의 행동과 말들을 뒤돌아보니,
코앞에 닥친 사소한 일 하나조차 제대로 해내지
못하면서 내 신념, 내 미래에 대해서는 커다란 포부를
갖고 있었다.

인생은 집을 만드는 것과 같아서
아무리 멋진 인테리어와 장식들로 꾸민다고 해도
기초 공사가 부실하다면
결국 다 무너지게 된다는 사실을 잊고 있었다.

응원

현실은 얼음물과 같아서
아무리 따뜻한 사람도 차가운 현실에 담가지는 순간,
차가운 말을 내뱉게 되더라.

다정함이 냉정으로 변해버리는 모습을 바라볼 때마다
나는 겁을 먹고, 자꾸만 뒷걸음만 치게 돼.
저 차가운 얼음들이 내 열정 속 작은 불씨들마저
모조리 꺼버릴 것만 같아서.

014

진심함

성적표가 나왔다.
모두가 속상해하고 우울해했지만 나는 사실 다른 친구들보다는 훨씬 덤덤한 편이었다. 내가 공부를 열심히 하지 않았기에 이러한 결과가 나온 것일 거고, 그건 내가 받아들여야 하는 게 당연했다.

함께 살고 있지 않는 엄마는 전화로 성적표에 대해 물어봤다. "후회 없어?"라는 질문에 덤덤히 대답했다. "후회 되지, 다음에는 더 열심히 해야겠다고 다짐했어."
엄마는 딱히 반응이 없었다. 내 말에 너무 진심이 담겨있지 않았으리라 여기고 몇 문장을 덧붙였다. "시험 준비를 너무 늦게 시작했어. 다음부터는 미리 계획을 세워 두고 꾸준하게 공부하려고." 여전히 엄마는 큰 반응이 없었다. 그저 짧게 대답해줄 뿐이었다. 무엇이 더 필요할까 곰곰이 생각하다 문득 저번 시험에도 이와 같은 말을 고민하지 않았나 하는 생각이 들었다. 저번 시험, 작년의 그 시험, 제작년의 그 시험에도.

"엄마, 근데 나는 매번 이런 후회와 다짐을 반복하면서도 왜 행동에 잘 옮기지 못하는 걸까?" 엄마는 잠시 고민하더니 짧고 묵직한 한마디를 던졌다.

"절실하지 않나 보지. 너 발표 준비나 글 쓸 때는 죽어라 하잖아. 그 일이 절실하니까."
그랬다. 목표는 있었지만 딱히 절실하지 않았다. 당연히 해야 하는 일이니까 하고 있었고, 그랬기에 성적이 올라가지 않아도 그리 상처 받지 않았다.

나는 다시 한 번 물었다. "절심함은 어디서 오는 건데?"

절실함이 생기는 계기는 누구나 다르고, 누군가에게는 오지 않을 수도 있다. 꿈이 의무가 아니듯, 절실함도 의무가 아니다. 미치지 않아도 그 일을 좋아할 수는 있는 것과 같다. 그러니 부디 절실하지 않음을 탓하지는 말자. 절실함이 생기는 그때, 절실함이 생기는 그 일에, 전념하면 되니까.

015

우물 안 개구리

글을 쓰는 것에 흥미는 많았지만 내 글로 무언가를 이루고 싶다는 생각은 사실 한 적이 없었다. 아니, 정확히 말하자면 무언가를 이룰 수 없을 거라고 생각했다. 매일매일 점점 넓어지는 세상과 그럴수록 점점 작아지는 내 자신이 너무 초라해서. 내가 만약 이 작은 실력 하나만을 믿고 꿈을 이룰 거라 떵떵거리고 다닌다면 남들 눈에는 그저 우물 안 개구리밖에 안 될 것 같아서.

그런 생각을 아빠에게 털어놓자 아빠는 사실 이 세상 대부분의 사람들이 우물 안 개구리라고 하셨다. 지구에 존재하는 인간은 어마어마하게 많고, 그중 아주 특출한 실력을 가진 사람은 소수일 수밖에 없으니 말이다. 그 외의 사람들은 특출한 사람들에 비하면 그저 그런 실력을 갖고 있을 뿐이니까.

그렇기에 우물 밖으로 탈출하고 싶다면 내가 우물 안 개구리라는 사실을 인정해야 한다고 하셨다. 그리고 내가 갖고 있는 능력 또한 인정해야 한다고 하셨다. 우물 안에 있다고 해서 나의 능력이 초라한 것이 아니니까. 내 능력을 믿고, 더 성장시키려 노력하는 것이 우물 밖으로 나가는 가장 좋은 방법이라고 하셨다.

그제야 깨달았다. 난 내 자신을 조금 더 믿을 필요가 있었다.

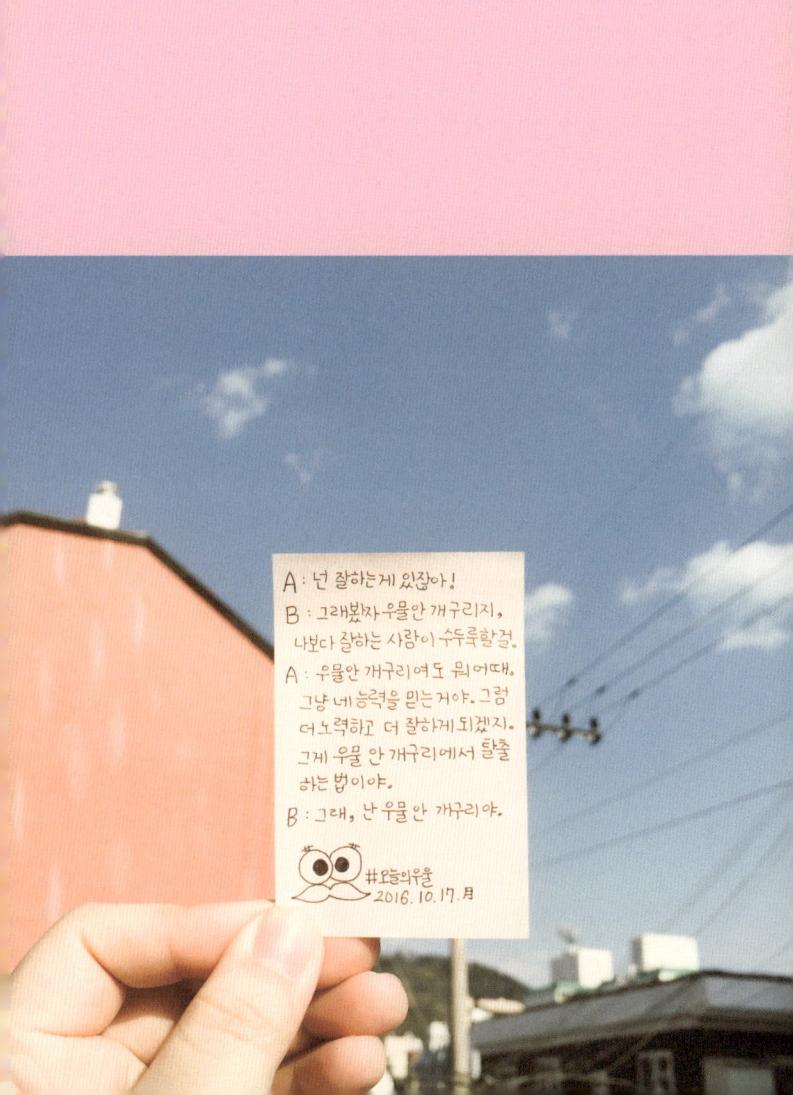

016

소망

해야 하는 일이
하고 싶은 일이 될 수는 없는 걸까.

017
만족

하루를 마무리하며 유독 다른 날보다 기분 좋았던
날이 있었다.
평소였다면 '왜 이만큼밖에 못 했지?'라는 자책으로
가득 채웠을 밤이 만족으로 가득 채워지고 있었다.
그날 해야 할 일을 딱히 완벽하게 해낸 것도
아니었는데 말이다.

근데 사실, 이게 맞는 거다.
내가 만족했으면 된 건데, 자꾸만 내가 아닌 세상을
기준으로 삼으려고 했던 게 오히려 잘못된 거였다.
내 하루의 결과를 판단하는 기준은 나여야 한다.
어느 누가 멋대로 나의 하루를 깎아내린다고 해도,
나만은 나의 하루를 지켜줘야 한다.
나의 하루고, 나의 매일이니까.
그리고 그 모든 게 나의 인생이니까.

적당히, 열심히

꿈이 있다면 그 꿈만을 향해 미친 듯이 달려보라는 말들을 하던데, 사실 난 잘 모르겠어. 한 방향으로만 달리기엔 이 세상에는 길이 너무 많고 다양한 걸. 놓치기엔 너무 아름다운 풍경들을 포기하고 달릴 바에야 난 적당히 즐기고, 적당히 해야 할 일을 해내며 살아갈래.

019

겨우 단점 하나

사람들은 그대가 의자인 줄 아는 걸까요.
한쪽 다리가 조금 짧다고 해서 제대로 서 있지 못하는 의자와는 달리 당신은 한쪽 다리가 없어도 다른 쪽 다리로 멋진 걸음을 완성할 수 있는 사람인데 말이죠.

사람들의 손가락질에 휩쓸려 짧은 한쪽 다리를 탓하지 말아요. 하나가 짧은 대신, 나머지 한쪽 다리는 남들보다 훨씬 튼튼하고 아름답잖아요. 당신만이 가진 멋진 장점을 사소한 단점 하나 때문에 잊지 말아요.

 사람들은 왜 내가 잘하는 거엔 관심이 없을까. 못하는 것들만 자꾸 하라고 해.

네가 못하는 것에 대해 너무 자책하고 있는건 아냐? 딱히 못하진않는데..

 아냐, 나진짜 너무못해. 멍청이같아.

이상한 걸로 자책하는거 보니까 진짜 멍청이 같긴 하네...

\#오늘의우울
2016.09 10.1. 土

다시 시작

왜 그렇게 미래에만 집착하느냐고 사람들이 묻더라고요.
그래서 대답했어요. 미래는 무엇이든 그릴 수 있는
하얀 캔버스니까요.
그에 비해 내 현재는 잘못 그은 선들만이 가득해서
이젠 더 이상 고칠 수조차 없거든요. 실수로 가득 찬
그림을 지우는 것보다 그냥 새 캔버스가 도착하기를
바라는 게 훨씬 낫잖아요.
그러니 그렇게 한심한 눈으로 쳐다보지 말아줄래요.

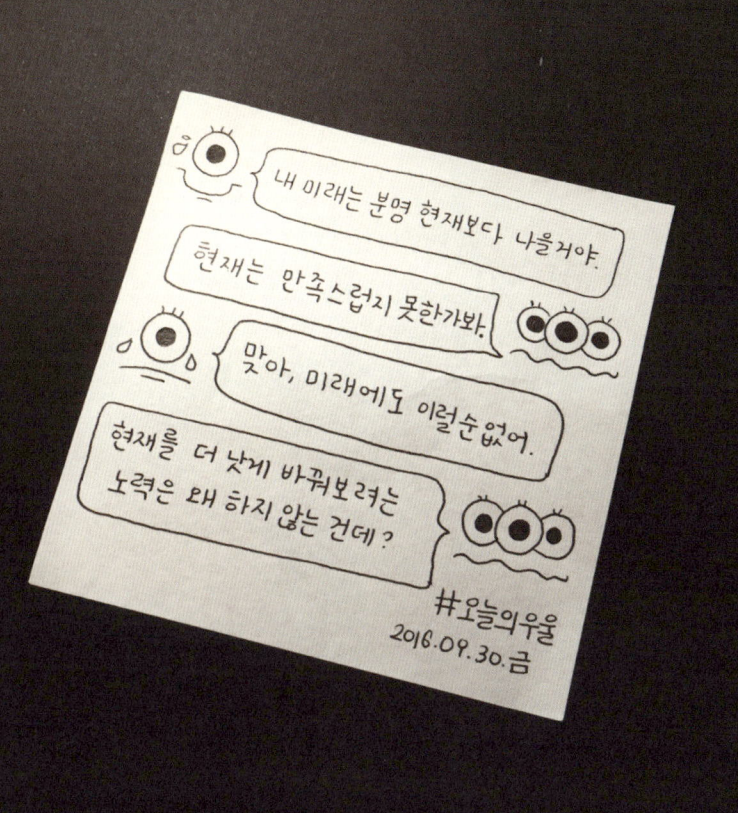

021

나의 인생

분명 내 인생인데, 내 이름 석 자가 걸린 삶인데, 왜 다른 사람의 손자국이 더 많이 남아 있는 건지 모르겠어. 내가 하고 싶은 일은 누군가의 삿대질 한 번에 저 멀리 어둠 속으로 사라져버리고, 정신 차려보면 사람들이 억지로 우겨넣은 일들만이 내 손에 잡혀 있더라고.

하고 싶은 일을 해야 조금이나마 숨 쉴 수 있을 것 같은데 그마저도 이기적이라고 평가해버리면, 내 인생은 어떤 의미를 가질 수 있는 걸까.
이제는 애초에 내 인생이라는 게 존재했던 건지조차 헷갈려.

022

사소함의 중요성

우울함이 덮쳐올 때, 그것들을 덜어내려고 가끔 하는 행동이 있다. 작은 노트와 펜을 꺼내 내가 기분 좋아지는 일들을 적는 거다.

날씨와 음악이 딱 들어맞을 때, 새벽에 혼자 영화 볼 때, 마음에 쏙 드는 음악을 찾았을 때, 혼자 영화 보러 갔는데 영화관에 사람이 적을 때, 사랑하는 사람을 볼 때, 기다리던 택배가 올 때, 약속시간에 딱 맞게 도착할 때, 수업시간에 집중이 잘될 때, 옷과 양말이 잘 어울릴 때, 그리고 좋아하는 음악을 흥얼거리며 샤워할 때.

이 외에도 셀 수없이 많은 기분 좋은 순간들을 적다 보면 사실 커다란 행복 따위는 딱히 필요 없어도 될 것 같은 기분이 든다. 순간마다 찾아오는 우울함을 이겨낼 수 있는 이유는 사실 큰 행복들보다는 이렇게 사소한 행복들이기 때문에.

때로는 사소한 게 가장 중요하기도 하다.

내 인생은 행복하지 않아.

그럼 날씨랑 음악이 겹칠 때의 기분, 새벽에 혼자 보는 영화의 그 기분들은 행복이 아니야?

 행복이라 하기엔 작은 걸."

때론 사소한 게 가장 중요하기도 해.

#오늘의우울 2016.10.28

023

포장

아, 안녕하세요. 소개할게요, 이건 제 인생이에요.
초라한 거 티 내고 싶지 않아서 공들여 포장도 했어요.
예쁘죠?
꿈 중에서도 특별히 아주 반짝이는 꿈으로 골랐어요.
누구나 반짝이는 꿈 하나쯤은 갖고 있어야
덜 부끄럽잖아요.
나만 이런 거 아니죠?
다들 꿈은 있는데 딱히 노력하지 않는 척하고
있잖아요, 그렇죠?
꿈은 내 삶을 멋지게 포장하라고 존재하는 거니까.
애초에 이루어질 일도 없을 법한 일들이니까.

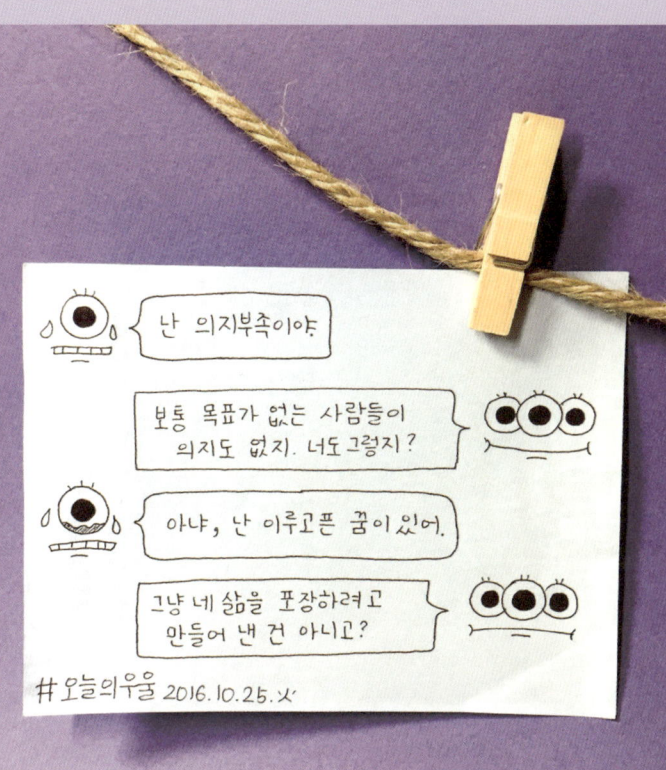

불안의 반대말은 실천

멍하니 천장만 바라보며
불안에 떨 바에야
당장 손에 뭐라도 쥐어.
실천하지 않는 이상,
불안이 사라질 수는 없어.

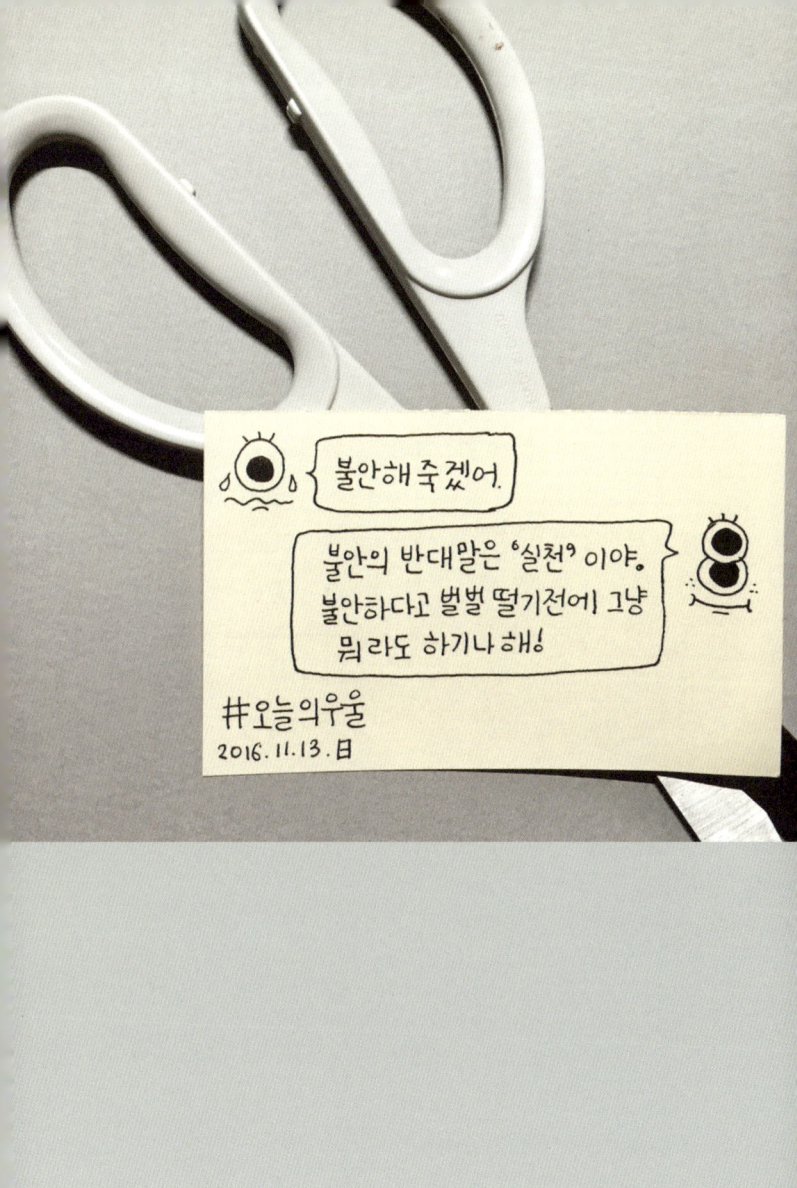

025

청춘으로 떠나요

이제 이 지긋지긋한 어린 나이를 떠날 거예요.
어림을 벗어나 젊음이라는 곳으로 한 발자국 다가갈 거예요.
일단 방이 조금 더 좁아질 예정이니, 쓸모없는 이 많은 감정들은 다 쓰레기봉투에 담아야겠죠. 기쁨과 슬픔 이 두 가지 정도면 충분할 것 같네요. 사랑은 사치니까 두근대는 심장의 전원도 잠시 끄고요. 내 의견도 갖고 가면 너무 이기적으로 보일 것 같으니 서랍 속에 잠시 넣어둬야겠어요. 이 정도면 다 된 것 같은데, 어디 떠나볼까요. 아, 저기 보이네요. 나의 청춘.

난 영원히 어리고 싶어.

 언제는 얼른 커서 꿈을 이루고 싶다고 난리를 치더니..

 저 복잡한 감정들을 그저 단순하게 받아들이라고 하는 사회가 난 무서워.

그래, 지금 그렇게 쉬운 일들도 해결 못하는데, 커봤자 나아지겠냐

#오늘의우울
2016. 10. 06. 木

어쩔 수 없는 것

옳지 않은 방법에 지고 싶지 않다며 찡찡대던 나에게 지인이 장난스럽게 했던 말이 있다. "아니꼬우면 네가 세상을 바꾸든가." 그때는 그냥 웃고 넘겼던 말인데, 이제는 그 의미를 알 것 같기도 하다.

세상을 부정하면 할수록 힘들어지는 건 나였다. 세상을 탓하는 것보다 '내가 이 말도 안 되는 세상을 바꿔야지.'라고 생각하는 게 훨씬 기분이 낫다. 그게 더 가능성 있기도 하고 말이다.

하지만 여전히 나는 너무나 작은 사람이고, 그렇기에 아직 이 세상에는 내 힘으로 어쩔 수 없는 일들이 많아서, 이제는 고개를 숙이는 게 익숙해지려고 한다. 그게 나는 너무나 두렵다. 내가 큰 사람이 될 수 있다는 사실조차 잊어버리면 어쩌나 싶어서.

027

한 마리 토끼

모두들 두 마리 토끼는 한 번에 못 잡는다고 하더라.
수십 번은 들은 말이지만 사실 믿지 않았어.
무언가를 해내려면 다른 하나는 포기해야 한다니,
너무 가혹하잖아.

하지만 그게 현실이더라.
현재를 꽉 쥐니 미래가 사라져버리고,
미래를 꽉 쥐니 현재가 무너져버리더라고.
그렇다고 둘 다 손에 쥐기에는 벅찬 무게들이고.

어쩔 수 없이 우리는 꿈에 우선순위를 매기고
낮은 순위의 꿈은 잠시 손에서 놓아야 하는
세상에 살고 있어.
미래에 빛을 보길 바란다면 현재의 어둠은 잠시
넣어둬야겠지.
한 마리의 토끼만으로도 감사해야겠지.

왜 미래를 위해 현재를 버려야 하는걸까.

 네가 버리기 싫어하는 현재도 과거의 너에게는 희망찬 먼 미래였어.

 그땐 내가 미래에서 꿈을 이뤄 잘 살고 있을 거라 믿었는데...

 네 미래가 또다시 버려야 하는 현재가 되지 않게, 지금은 잠시 포기해야 할 필요도 있어.

#오늘의우울
2016.10.

028

이 지금

미래를 위해 현재를 포기할 필요는 없어.
가장 소중한 건 오늘, 지금, 이 순간.

029

개인주의, 이기주의

늘 나와 마주칠 때마다 '적당히' 열심히 하라고 말씀하셨던 선생님이 계셨다. 난 그게 더 열심히 하라는 걸 비꼬아 말씀하신 줄 알고 그 말을 들을 때마다 평소보다 더 열심히 하곤 했는데, 어느 날 보다 못한 선생님께서 나를 불러 정확하게 다시 말씀해주셨다.

개인적인 것과 이기적인 건 다르다고. 이기적인 건 다른 이들에게 피해를 주지만, 개인적인 건 피해를 주지 않는 선에서 너를 우선시하는 거라고. 네 몸 조금 더 챙겨가면서 일한다고 해서 다른 사람들이 피해를 보진 않으니 부디 너를 가장 1순위로 생각하라고. 조금만 덜 열심히 하라고, 말씀해주셨다.

지금 생각해보면 그 당시의 나는 이상한 책임감에 사로잡혀 너무 스스로를 강하게 밀어붙였던 것 같다. 그때 그 말을 들은 이후로 나는 좋아하거나 내게 득이 있는 일이 아닌 이상 '적당히' 열심히 일하려고 노력한다. 불필요한 일에 감정을 소모하고 힘들어하기엔 너무 소중한 시간들이니까. 어찌됐든 이건 내 인생이고, 내가 주인공이니까, 조금만 더 내게 집중하기로 했다.

- 네 몸도 좀 생각하면서 일해.
- 하지만...!
- 개인적인 것과 이기적인 건 달라. 이기적인 건 남들에게 피해를 주는 거고, 네 몸 조금 더 챙긴다고 피해 주진 않잖아. 널 더 우선시 하는 건 당연한 거야, 바보야.

#오늘의우울
2017.06.22

제자리

버텨내고 있는 것만으로도
넌 충분히 잘 해내고 있는 거야.
그러니 스스로를 너무 심하게 채찍질하지 마.

가끔은 제자리에 머무르고 있어도 괜찮아.
네가 서 있는 그곳도
열심히 달리고 달려
도착한 곳인 걸.

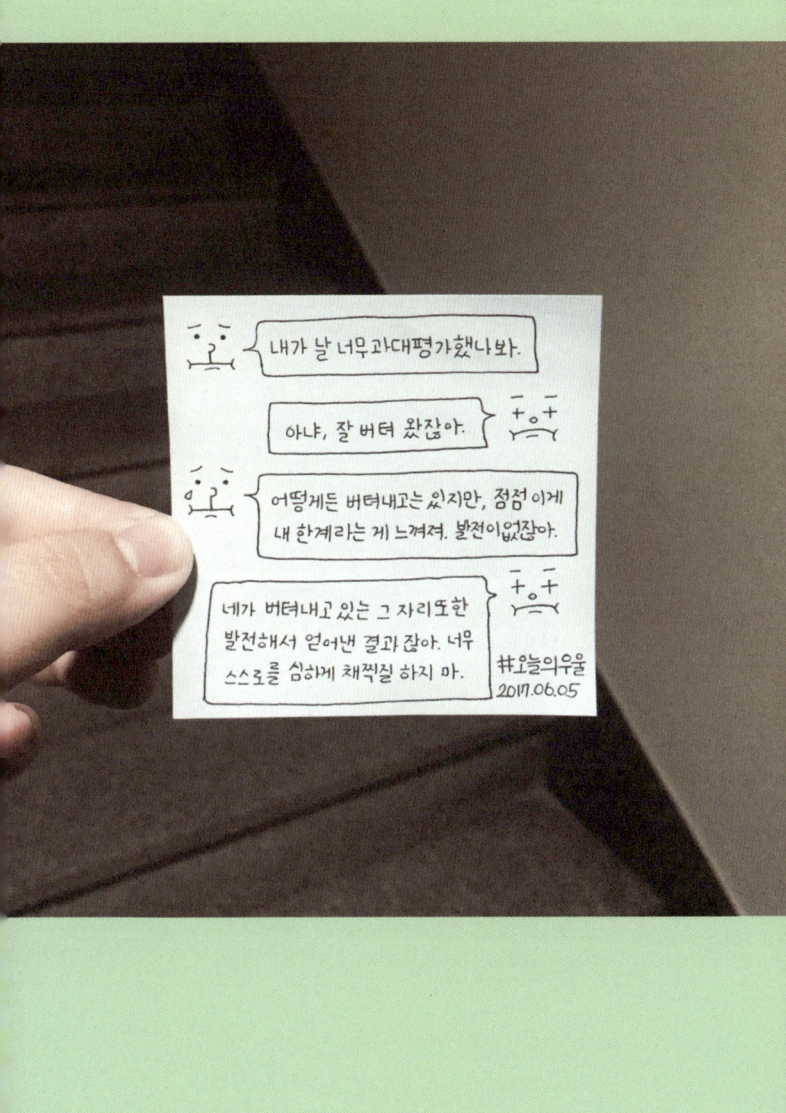

마음 깊은 곳

의

제2장

우 울

031

바라는 것

애써 위로해주려 안 해도 돼요.
저는 "힘 내."라는 의미 없는 말이 아닌,
그저 진심이 담긴 말 한마디가 필요할 뿐인 걸요.

#오늘의우울
2016.11.4.금

032

공간

이 방은 너무 밝아서 내가 설 곳이 없어.
저 방 끝 구석까지도 조명의 빛이 닿아서
자꾸만 나는 나의 그림자를 밟으려 제자리를
빙빙 돌고.

창밖의 사람들 모두 빛을 향해 뛰어가는데
나만 여전히 어둠을 찾아 헤매고 있어.

아아,
난 영원히 이 방을 애틋이 대하지 못할 것 같아.

창밖의 세상 햇빛은 너무나 맑은데,
그에 비해 내 방의 어둠을 밝히는 형광등은
너무 이질적이거든.

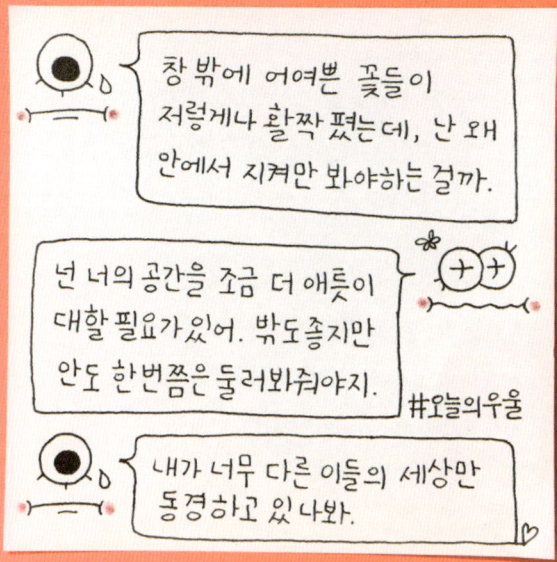

033

손톱

손바닥은 손톱의 슬픔을 알지 못한다.
서로 정반대의 위치에 서 있다고 생각한다.
자신보다 작은 존재니 큰 신경 쓰지 않고 넘어가기로 한다.
손톱의 슬픔은 그렇게 자라고 자라 주먹을 움켜쥔 순간,
손바닥의 살갗을 찢어버린다.
그제야 손바닥은 손톱의 슬픔을 온몸으로 느낀다.
그제야 길게 자란 슬픔을 잘라준다.
마음은 이미 찢겨져버렸지만.

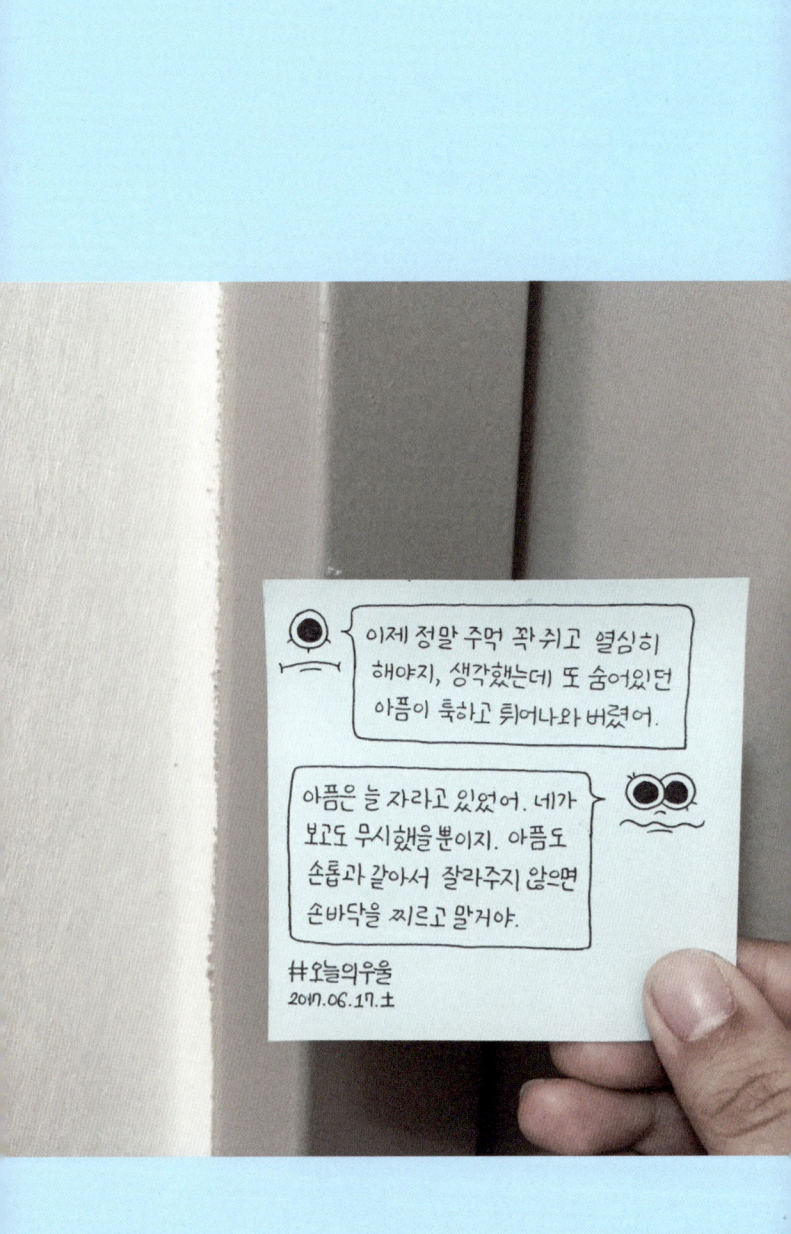

034

익숙함

익숙함이 커지면 소중함이 가려지고,
소중함을 잊으면 익숙함까지 잃게 된다.

그러니 우리는 매일 노력해야 한다.
관계에서 생기는 익숙함은
그 사람이 소중한 존재라는 증거임을
잊지 말아야 한다.

035

역할

제발 오직 나에게만 집중할 수 있는 시간을 줘요.
학생으로서의 시간, 자식으로서의 시간, 친구로서의
시간.
내 시간임에도 불구하고 왜 매번 남에게 맞추며
보내야 하는 걸까요.
그런 이름들, 역할들, 다 내가 하고 싶어서 한 것도
아닌데 말이죠.

가끔은,
제가 아무것도 아닌 존재였으면 좋겠어요.

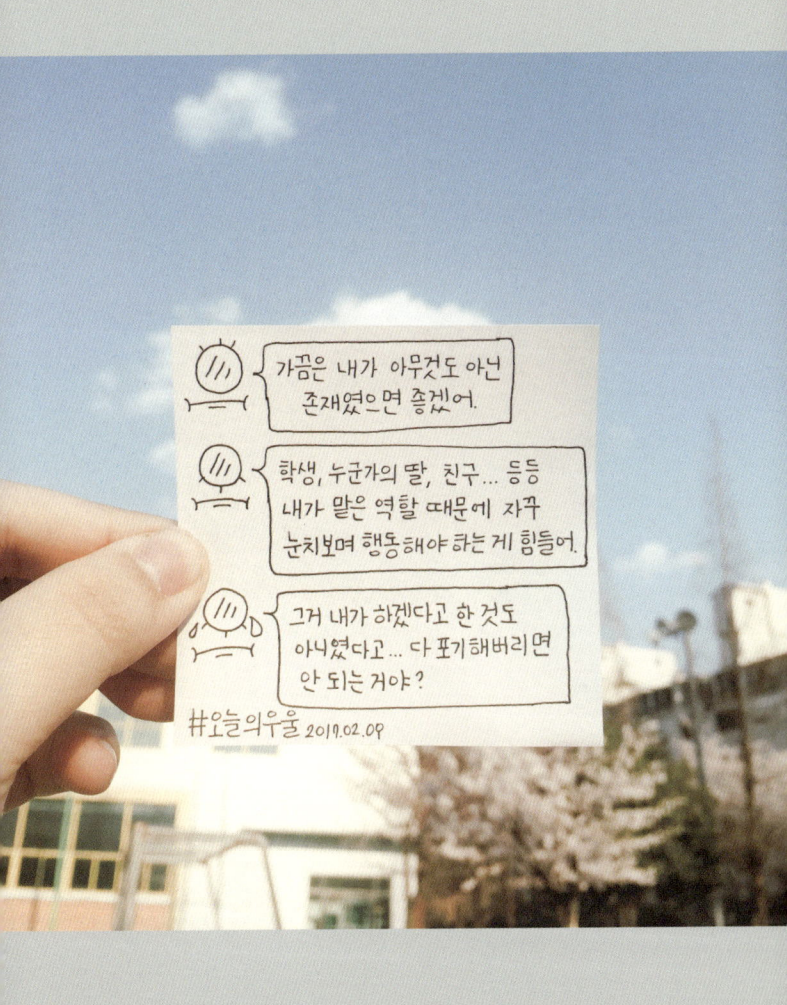

036

괜찮은 척

이미 속은 다 망가져버렸지만,
우울함에 잠겨서 숨조차 쉬지 못하고 있지만
겉으로는 늘 위로를 내뱉는다.
아니, 내뱉어야만 한다.

괜찮아, 신경 쓰지 마.
다 잘 되어가고 있어.
그렇게 믿어.
믿어야만 해.

신경 안 쓰니까 마음이 편해.

그래, 겉으로는 참 편해보여.

맞아, 겉으론 신경 안 쓰는 듯 하지만 사실 속으론 끙끙 앓는 중이야,,

#오늘의우울
2016.10.12.水

037
◇◇◇◇
별똥별

언젠가 별똥별이 떨어진다는 뉴스가 여기저기 퍼졌던 날이 있었다. 그날 밤 나는 동네 친구들과 함께 초등학교 운동장에 옹기종기 모여 별똥별을 기다렸다. 태어나서 그렇게 하늘을 오랫동안 올려다봤던 적이 있을까. 어릴 적 천문대에 갔을 때보다 훨씬 오래 밤하늘을 바라보았던 것 같다. 하지만 흙투성이 계단에 누워 몇 시간 동안 하늘을 바라본 노력이 무색하게 그날 밤 별똥별은 나타나지 않았다. 특정 지역에서만 보였다나 뭐라나.

그리고 한 며칠 지났을까. 별똥별이 떨어졌다. 꿈속에서. 아무리 꿈이라지만 그렇게 앞 뒤 내용, 배경들이 흐릿했던 건 처음이었다. 꿈속 장면들이 전부 뭉텅뭉텅 조각나 있는 듯했다. 그런데 이상하게도 별똥별 하나가 진한 빛을 내며 밤하늘을 가로지르는 그 장면만은 머릿속에 선명히 떠오른다. 꿈속의 나는 소원을 빌 생각조차도 하지 못했다. 그저 쿵쿵 빠르게 뛰는 심장을 부여잡고 멍하니 바라보기 바빴다. 정말 꿈다운 꿈이었다. 눈이 부신 수준의 빛도 아니었는데 이상하게도 참 눈부셨다. 어둠으로 가득한 밤하늘 사이를 부드럽게 스쳐 지나가는 촘촘

한 빛이 당당해보였기 때문일까.

가끔 좋았던 일을 설명하면서 '꿈만 같다.'는 표현을 쓸 때가 있는데, 그럴 때마다 난 꿈속의 별똥별을 떠올린다. 언젠가 다시 한 번 그런 빛나는 꿈이 나의 어두운 밤에 찾아와준다면 좋겠다. 어둠 속에 잠식된 내게 짧지만 달콤한 호흡이 되어주면 좋겠다. 그게 정말 진정한 꿈과 같은 일 아닐까.

038

듣고 싶은 말

오랜만에 만난 친구가 애인과 싸웠다며 속상해했다. 그래서 나 만난 김에 한 번 속 시원하게 털어놓아보라고 했다. 그러자 친구는 잠시 주저하더니 내게 질문을 던졌다.
"너 연애 상담 잘해?"
"아니, 못해." 당당하게 대답했다.
"근데 들어주는 건 잘해. 이럴 때는 싸움을 해결할 조언보다는 그냥 듣고 공감해주는 게 더 위로가 되잖아."
엄마와 아빠는 늘 같은 이유로 싸웠다. 엄마가 속상한 일을 말하면 아빠는 늘 그에 대한 조언과 해결 방안을 제시해줬다. 그 과정에는 어쩔 수 없이 객관적인 판단이 들어갔고, 엄마의 잘못도 지적되기 마련이었다. 그저 들어주고 공감해주기를 원했던 엄마는 더 큰 상처를 입었고, 아빠는 최선을 다했지만 돌아오는 건 엄마의 냉담한 반응이었다. 그래서 둘은 늘 다퉜다.
'조금만 서로의 입장에서 생각을 했다면, 조금만 더 솔직하게 자신이 원하는 대답을 말했다면, 어쩌면 그들의 사이는 지금보다는 더 낫지 않았을까.'라는 생각을 가끔 한다.

그래도 나는 그 과정을 지켜본 덕에 상대방을 좋은 방향으로 이끌지는 못해도, 그 사람의 감정을 끌어안아 다독이는 방법은 아는 사람이 되었다. 비록 고민 상담은 못해도, 경청은 잘하는 사람이 되었다. 그리고 이제는 고민을 털어놓는 상대가 듣고 싶은 말은 사실 없다는 사실 또한 안다.

오늘 속상한 일이 있었어..

네가 그렇게 행동해서 그런 일이 생긴거잖아. 조금더 노력하라고 몇 번을 말해.

난 조언을 바란 게 아니라 그저. 내 이야길 들어주기를 바란 건데..

#오늘의 우울 2016.11.10.木

039

당연한 일

상처가 흉터로 바뀌었다고 해서
아픔에 무뎌지는 건 아니야.

부디 흉터로 남아달라고 빌며
그들이 나의 아픔을 기억할 수 있게 해달라고 빌며

내가 그 상처를 몇 번이나 다시 찢었는데,
새벽마다 그 아픔을 몇 번이나 되새김질했는데.

네게 나의 흉터는
당연한 일이 되어버리는구나.
세상에 당연한 일 따위는 애초에 존재하지도 않았는데.

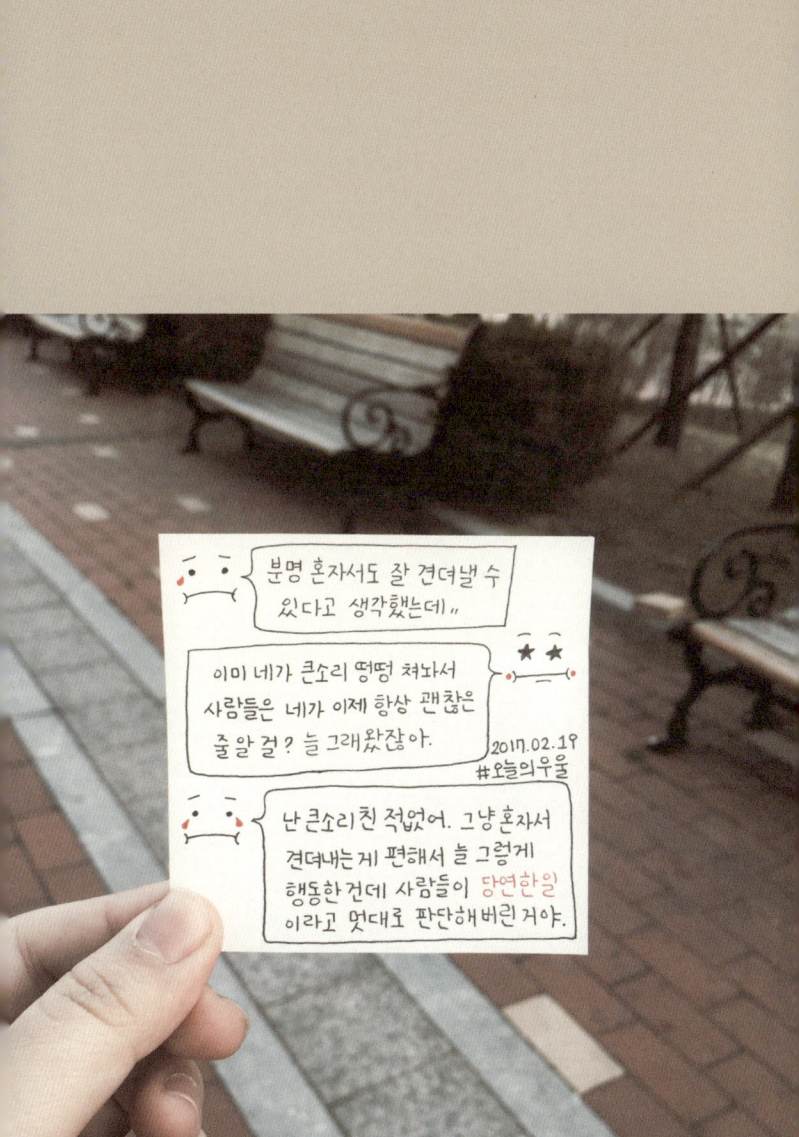

040

기댈 공간

문만 두드린다면 날 들여보내줄 방들은 많다.
그곳에는 맛있는 간식도, 따뜻한 침대도 있겠지.

그럼에도 불구하고 매일을 이 공간 속에서만 지내는
이유는 내 공간에는 내가 사랑해 마지않는 겨울이
가득하기 때문이다.

마음 놓고 울어도 눈물은 얼음이 되어 굳어버리고,
다른 이를 초대하려고 하면 자물쇠가 굳게 걸려버린다.

내 마음과 같은 차가움을 외면할 수가 없다.
오늘도 여전히 차가운 침대 속에서
온몸으로 겨울을 느낀다.

기댈 곳 없는 이 공간에 영원히, 머문다.

언제쯤 맘 편히 울 수 있을까.

오직 네게만 집중할 수 있는 그런 공간 하나 없이 세상을 살아온거야?

매일 밤을 함께하는 내 방의 공기초차 이리도 차가운데, 그런 공간이 어떻게 존재하겠어. 난 기댈곳조차 없다고.

네 옆에 늘 존재하고있어. 네가 찾아 가지 않아 빛이 바래져 버렸을 뿐.

2016. 12. 5. 月   #오늘의우울

041

감정기복

무얼 하든 불안정했던 시기가 있었다. 주변 사람들은 하나 둘 내 곁을 떠나가고, 예전과 다른 환경에 적응하지 못해 혼자 나돌고 있던 시기였다. 그나마 남아 있었던 소중한 이들에게조차도 내 솔직한 마음을 털어놓지 못했다. 마음속에는 출처를 알 수 없는 응어리들이 가득했다. 겉으로 아무렇지 않은 척하느라 감정의 기복은 점점 더 심해졌고, 풀 곳 없는 응어리들은 매 새벽이 지날 때마다 하나 둘 쌓여갔다.

그러던 어느 날, 아무런 이유 없이 툭하고 응어리들이 터져나왔다. 길에서 울컥하고 울어버렸다. 그리고 그날 주변 사람들에게 생각지도 못한 따뜻한 포옹을 받았다. 아무리 시원한 음료를 마셔보아도 내려가지 않았던 응어리들이 포옹 한 번에 눈 녹듯 사라지는 기분이었다.

분명 위로받지 못할 거라고 생각했다. 나를 부담스러워할 거라고 생각했다. 혼자서 감당해내야 할 감정들이라고 생각했다. 하지만 아무리 내가 우울함을 스스로 끌어

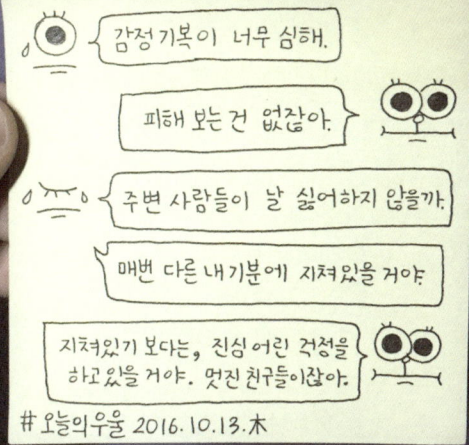

안을 줄 알더라도 가끔은, 기대야 할 일도 있더라. 혼자 들기엔 과하게 무거운 감정들도 분명히 찾아오기 마련이니까 생각보다 내 주변에는 좋은 사람들이 많이 존재하고 있으니까.

042

감추려 했던

한창 새로운 사회에 적응하고 있을 때,
난 남들에게 괜히 피해를 주고 싶지 않아서
고민이 있으면 최대한 혼자 가라앉히려고 노력했다.
그렇게 참고 참다가 결국에는 한 번 울컥하고 터진
날이 있었다.

자꾸 혼자 우울한 감정을 감싸고 있다 보니
내가 솔직하지 못해서 이러고 있는 건지
아니면 믿을 수 있는 친구가 없는 건지 헷갈린다고
와르르 무너진 감정만큼이나 힘겹게 친구에게
털어놨다.

그러자 친구는 이렇게 말했다.
"내가 보는 너는 매우 솔직해. 좋거나 싫은 것에 대해서
잘 표현하잖아. 근데 가만 보면 우울한 감정은 한 번도
털어놓은 적이 없어. 왜 우울은 늘 숨겨?"

그러게, 왜 나는 우울만은 자꾸 감추려고 노력했을까.

밝은 사람이 아니면서 왜 스스로를 자꾸만 밝게 만들려고 했을까.

나도 고민 털어놓고 싶고, 위로도 받고 싶어.

 근데 남눈치보기 바빠서 항상 혼자 삭혀.

 이젠 습관처럼 되어버려서, 내가 솔직하지 못한 건지, 진실된 친구가 없는 건지 모르겠어.

내가 보는 넌 매우 솔직해. 좋은 것도 잘 말하잖아. 그런데 생각해보면 나쁜걸 말 안해. 우울은 늘 숨겨.

#오늘의우울 2016.10.29. Sat

다 괜찮아

달콤한 빈 말이라도 좋아요.
포장만 잔뜩 화려하고 속은 텅 빈 선물이라도 좋아요.
제 마음을 잠깐만이라도 녹여주실 수 있다면야
기꺼이 난 그 말을 두 팔 벌려 안을게요.

저 사회가 내뱉는 말들은
위로를 가장한 가르침뿐이어서
두 팔 벌려 안을 수 있는 말이 하나도 없어요.

그러니 당신만은
그냥 다 괜찮을 거라고,
잘하고 있다고
말해주면 안 되나요?

내가 그때 왜 그랬을까...

백날천날 후회해봤자 돌아오는 건 결국 또 다른 후회야. 시간낭비 그만.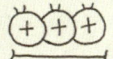

 아는데.. 자꾸 생각나는 걸.

그럼 그냥 평생 후회하며 살아.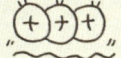

 그냥 좀 '괜찮다'고 해주면 안돼?

#오늘의우울
2016.09.27.火

눈물

가끔 별일이 아님에도 불구하고
울음이 터져나올 것 같을 때가 있다.
그럴 때마다 억지로 울음을 삼켜내는 내 모습에
어느 순간 의문이 들었다.

난 왜 나의 눈물을 혐오하는가.
감정에 젖어 흘리는 눈물은 찬란하고,
억울함을 호소하는 눈물은 타락한 것인가.

눈물을 흘려야 하는 경우가 정해져 있는 것도 아닌데
멋대로 분류하고 억지로 눈물을 삼켜내는 내가
가끔, 역겹다.

별 일 아닌데 자꾸 울음이 터져나와서 고민이야.

눈물 흘려야 하는 이유가 따로 정해져라도 있어?

 그건 아닌데, 억울해서 우는 건 조금 부끄럽잖아.

감성에 젖어 흘리는 눈물은 멋진 거고, 억울함을 호소하는 눈물은 부끄러운 거야?

#오늘의우울 2017.03.06.月

045

강한 사람

언젠가 친구가 내게 자신이 받았던 상처들에 대해 털어놓은 적이 있었다.
나라면 감당하지 못했을 만큼 깊은 상처들도 있었고, 나와 비슷한 이유의 상처들도 있었다.

- 버텨내느라 수고했어.
꽤 긴 고백의 시간이 끝나고, 내가 가장 먼저 내뱉은 말이었다.

그래, 우리는 그동안 수많은 상처를 받아왔고 그 아픔에 몸부림치기도 했다. 그러니 그 상처는 부끄러운 게 아니다. 잘 버텨왔다는 증거고, 지금도 충분히 잘 버텨낼 수 있다는 증거다.

그러니 잊지 말길.
그대의 생각보다 그대는 훨씬 더 강한 사람이라는 것을.

저기, 미안한데요

사실 나 그렇게 완벽하지 않아요.
완벽해보이고 싶지도 않고요.
그냥 이게 저인걸요.
빈틈투성이에 툭하면 울어버리는 사람이
바로 진짜 저인걸요.
제발 있는 그대로의 날 바라봐주면 안 되나요.
사랑은 바라지도 않을게요.
미워하지 말아달라는 부탁도 하지 않을게요.
그냥 있는 그대로의 날 보여주게 내버려두면 안 될까요?

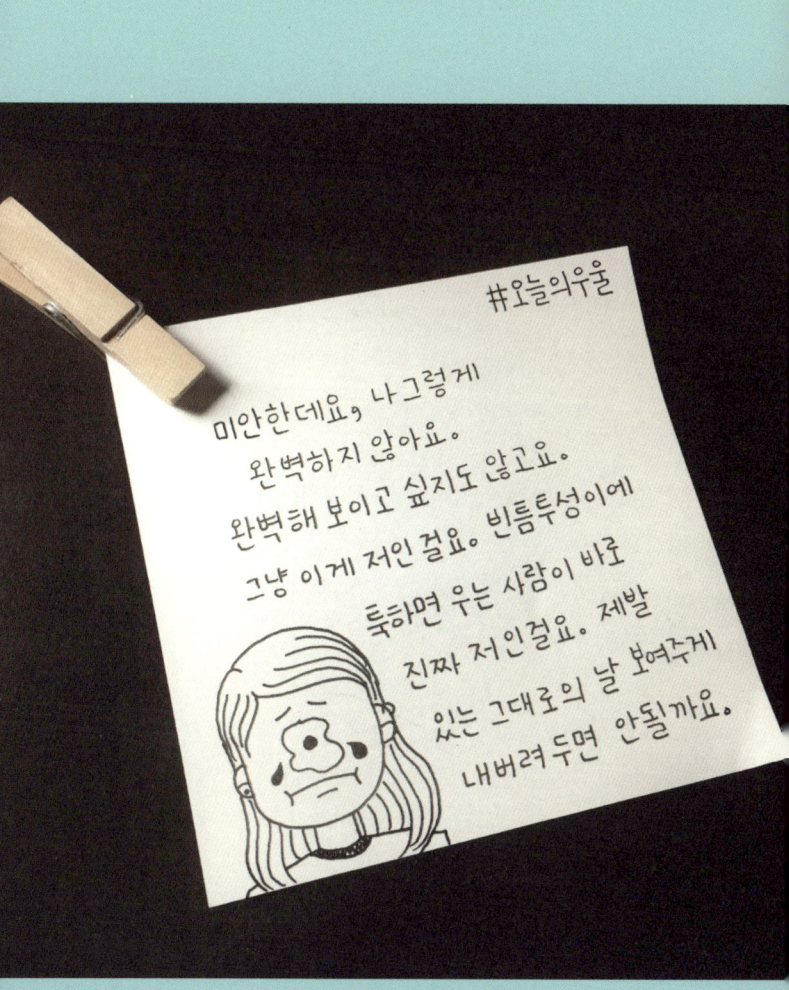

괜찮지 않아도 괜찮아

오늘도 그대는 괜찮다는 말 뿐이네요.
그렇게나 축 처진 어깨를 하고선 오늘도 그대는
괜찮군요.

매번 그렇게 슬픔을 쌓고 쌓으며 스스로를 속이다 보면
나중에는 어디서 길을 잃었는지조차 찾지 못하게
될지도 몰라요.

늘 괜찮지 않아도 괜찮으니, 가끔은 솔직하게
털어놓아요.
오늘은 무엇 때문에 속상했고, 누구 때문에 울음을
터뜨릴 뻔했다고.

그대 마음속 실이 엉키는 걸 바라보기만 하다 보면
나중에는 결국 잔뜩 뒤엉킨 실타래가 되어
어디서부터 실이 꼬이기 시작한 건지조차 찾지
못하게 되니까요.

048

감정적

누구나 감정에 휘둘릴 때가 있는 거야.
네가 다른 이들보다 조금 더 감정에 쉽게 휘둘린다면
어쩔 수 없지, 뭐.
그게 너다운 것인 걸.

왜 불편한 가면을 자처해서 써.
진짜 네 모습을 보고 떠나는 이가 있다면
애초에 널 소중히 여기지 않았던 이들일 거야.
솔직해지는 것에 겁먹지 마.
진짜 네 모습도 충분히 아름다운 걸.

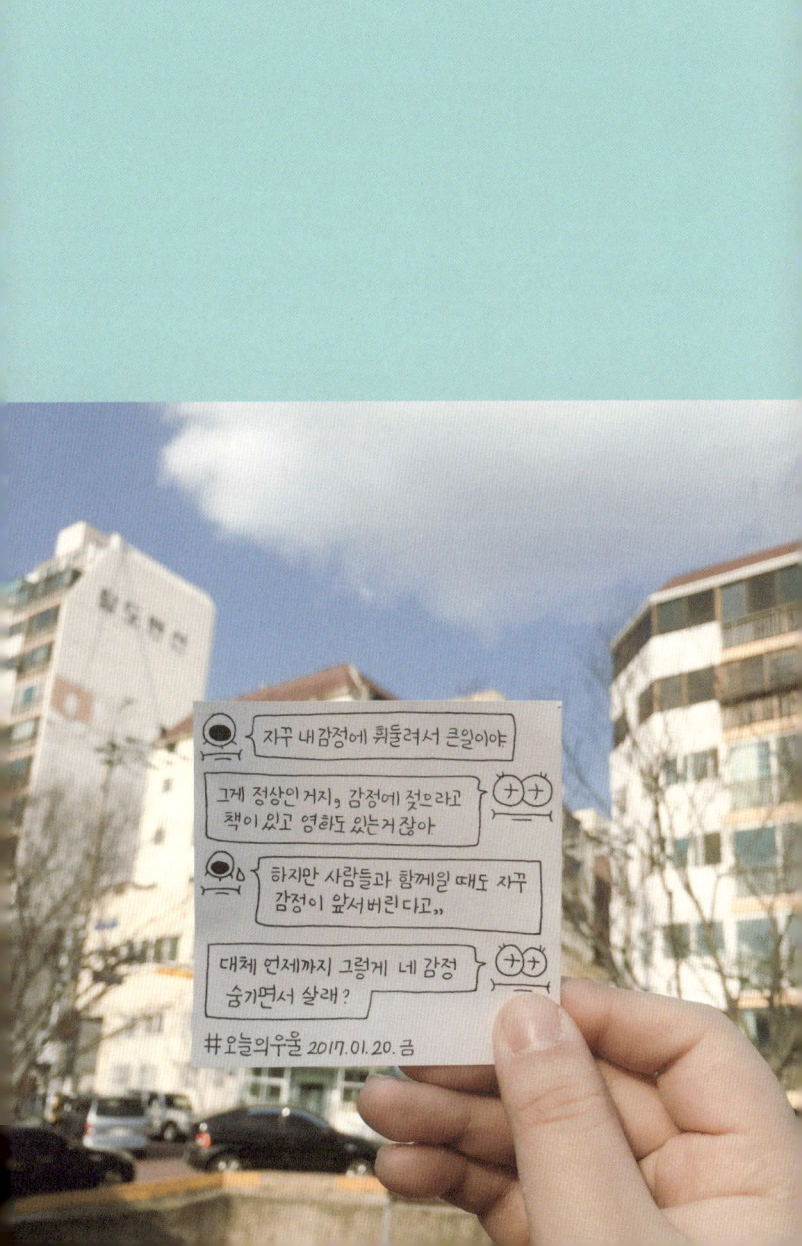

그대와 나 사이

제3장

의

우 울

049

모래성

어릴 적 해수욕장에 놀러 가면, 물을 무서워했던 나는 늘 모래사장에 쭈그려 앉아 모래성을 만들었다. 겉으론 쉬워 보이지만 생각보다 조심성을 요하는 작업이었다. 평평한 바닥을 찾아 물을 퍼서 가져오고, 흙을 적셔 틀에 꾹꾹 눌러 담은 뒤, 조심조심 땅 위에 빼내야 했다. 조심조심 행한 끝에 완벽한 모양으로 모래성이 완성되면 그 뿌듯함은 말로 이을 수 없었다.

하지만 조심스레 쌓아올린 그 성들은 아무리 꾹꾹 눌러 담았어도 그 속은 겨우 작은 모래 알갱이들일 뿐이라서 작은 파도가 살짝만 스쳐 지나가도 와르르 무너져버리고 말았다. 어린 시절의 나는 그럴 때마다 속상한 마음에 늘 눈물을 훔치곤 했다.
그리고 이제 나는 더 이상 바닷가에서 모래성을 쌓지 않는다. 대신 인간관계라는 성을 쌓는다. 사소한 말 한마디, 행동 하나에 와르르 무너지고 마는 한낱 모래들일 뿐이란 걸 알면서도 매번 작은 기대를 걸어가며 관계를 하나하나씩 쌓아간다. 성이 무너질 땐 여전히 허무함에 온몸

인간관계가 제일 힘든 것 같아.

참 허무하지..

처음엔 정말 조심스럽게 하나하나 쌓아왔던 정들이 한순간에 무너져 버릴때마다 너무 지쳐.

또, 그런 관계를 무너뜨리는 건 대부분 사소한 일들 때문이더라고.. 허무하게도 말이야

#오늘의우울
2017.01.13.금

의 힘이 다 빠지는 기분이지만, 그래도 어릴 때처럼 마냥 울고 있지만은 않는다.

성은 또 쌓으면 된다. 이 세상에 모래는 널리고 널렸고, 연을 이을 사람도 넘치고 넘친다. 세상에서 가장 튼튼한 성을 함께 쌓아줄 사람 또한 언젠가 나타나게 될 거다. 아마 우린 그날을 위해 소중히 모래를 모으고, 사람과의 관계를 두려워하면서도 늘 사람들에게 다가가는 거겠지.

050

이해보단 인정

'이해보단 인정'은 언젠가 봤던 TV 프로그램에서 아이돌 그룹 샤이니의 고(故) 종현이 자신의 좌우명이라고 소개했던 문장이다. 처음 들었을 때는 두 단어의 차이가 크게 느껴지지 않아서 그냥 '그렇구나.' 하고 넘어갔었는데 요즘 들어서야 저 문장의 속뜻에 깊이 공감하고 있다.

우리는 모두 각자의 인생을 살아가고 있고, 그렇기에 생각이나 가치관은 당연히 다를 수밖에 없다. 그럴 땐 그 사람을 이해하려 애쓰기보다는 그냥 인정해주자는 거다. 애초에 다른 생각을 갖고 있으니 당연히 이해하기 어려운 건데, 자꾸만 이해를 하려고 하니 더욱 갈등이 생기는 게 아닐까.

살아가다 보면 가끔 취향이나 성격이 아예 다른 누군가를 통해 태어나서 처음 보는 세상을 경험하기도 한다. 다르다고 해서 무조건 무시하는 게 아니라 그들의 세상도 받아들일 줄 알아야 하는 이유 중 하나다. 생각보다 우리의 시야는 많이 좁고, 그걸 넓히려면 내 뇌의 범위를 벗어난 생각들이 가끔 필요하기 때문이다. 제대로 된 경치를 즐기려면 밀림이나 북극도 좀 가봐야지 않겠나.

내가 생각하기엔 분명 가치있는 일이야.

어느 누군가에겐 쓸데없는 일이겠지.

그런 이들이 날 이해하지 못할때 가장 속상 하더라..

너도 그들을 이해하지 못하면서 왜 그들에겐 이해를 바라는 거야. 그냥 인정하고 받아들여, 대신 무시는 절대 안돼.

#오늘의유울
2016.12.19.月

051

결국

결국엔 다 똑같은 것 같다.
끝없이 갈망하는 것. 애타게 원하는 것.
제게 사랑을 주세요. 애정 어린 눈빛으로 바라봐주세요.

난 무엇을 원해서 이렇게나 멍청하게 사람들과의 연에 매달리고 있는 걸까.

다 같은 이유 아니겠어? 제게 사랑을 주세요, 애정 어린 눈빛으로 바라봐주세요, 외치는 거지.

아, 정말 사랑이 고프다...

#오늘의우울
2016.12.30.금

차라리

차라리 내가 상처 받고 다 끝내는 게
가장 나을 것 같다는 생각을 자주 해.

사람들은 미련하다고 손가락질하겠지만
사실 그게 남에게 피해 주고
혼자 앓는 것보다는 나은 것 같더라고.

다들 살아가면서 가끔은 이기적으로 굴어도
괜찮다고 말하지만, 이기적임이 내 마음에
가시 같은 존재인 건 어쩔 수가 없는 걸.

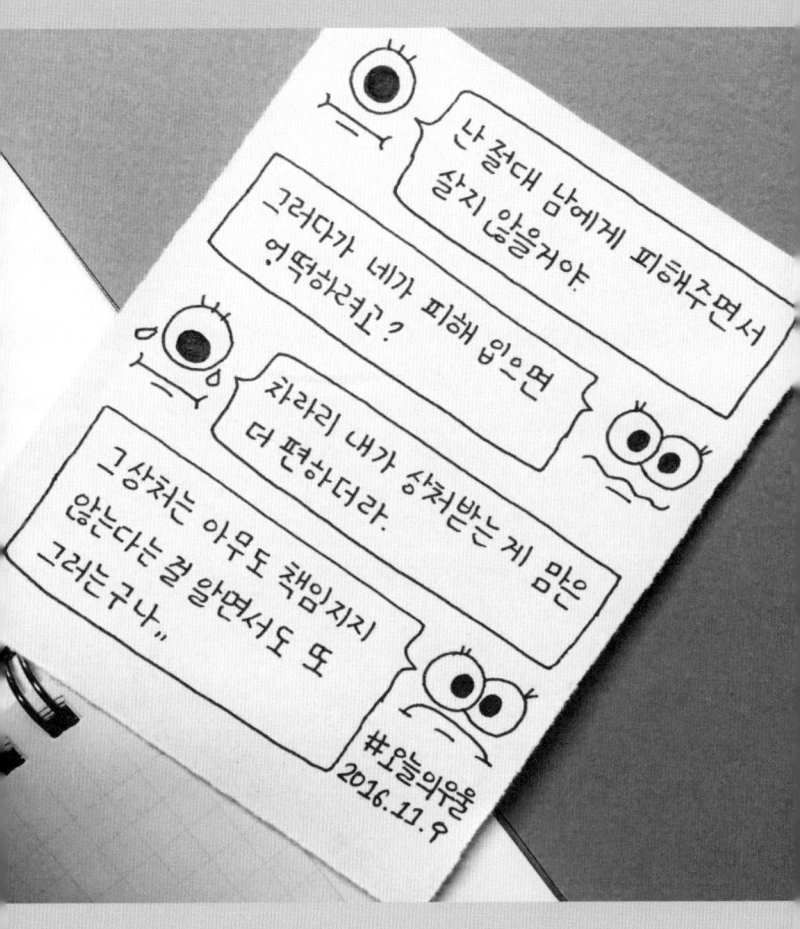

053

보상심리

그대가 누군가에게
늘 실망하게 되는 이유는 단 한 가지.

그 사람에게
기대를 했기 때문.

내가 힘들때, 그 사람만은 내곁에 함께있어줄거야. 확신해!

왜 확신하는데?

 내가 걔 힘들 때 도와줬으니까!

같잖은 보상심리는 버려. 그러니 매번 네가 인간관계에서 실망 하는 거야. 제발 기대하지마.

#오늘의우울
2016.12.31. 土

감정소모

짧은 대화에도 지나치게 감정을 소모하게 만드는
사람들이 있다.
날 전혀 존중해주지 않는 사람들.
자기 자랑만 늘어놓는 사람들.
힘들 때만 찾아와 위로를 바라는 사람들.

그리고 난 더 이상 그들에게 쓸데없이 감정을
소모하고 싶지 않다.
추운 겨울 내내 꽁꽁 언 손으로 열심히 다독여 겨우
가꿔낸 감정들을 과일 따듯이 쉽게 떼어가버리는
그들이 너무나 미워서,
빼앗기는 감정들을 보고만 있기엔 나의 감정들이
너무나 소중해서,
이제 나의 감정은 나에게만 선물하기로 했다.

치요

걱정 말렴,
네 주변에 머물고 있는 사람들 중 누군가는 분명
널 위해 늘 가방에 밴드와 연고를 들고 다닌단다.

네가 어디가 아픈지 말만 해준다면
달려갈 준비가 되어 있는 사람이 분명 존재할 거야.

아물지도 않은 상처를 더 다치게 만들 사람이라면
애초에 네 곁에 머무르지조차 않았겠지.

걱정 말렴.
네 생각보다 상처는 빨리 나을 거란다.
네가 할 일은 그저 그들에게 솔직해지는 거란다.

흔적

오랜 시간 동안 붙어 있던 테이프를 떼어내면
그 자리엔 찐득찐득한 자국들이 남아 있기 마련이다.

너와의 추억들도 나의 시간 위에
꽤 오랜 시간 진득하게 붙어 있었나 보다.

굳게 달라붙은 추억들을 억지로 힘겹게 떼어냈음에도
불구하고 그 자리엔 여전히 너의 흔적들이 덕지덕지
남아 있더라.

지우려고 하면 할수록 더러워만지는 흔적들.

왜 지워도 지워도 흔적이 남아있는 걸까?

그만큼 오래 붙어있었잖아. 오랜 시간 함께했던 추억보다 더 지우기 힘든건 없어.

#오늘의우울 2017.06.07

057

잊힌다는 것

고등학교에 입학하며 가졌던 가장 큰 로망은 학교를 일찍 마치는 날, 졸업한 중학교에 고등학교 교복을 입은 채로 선생님을 뵈러 가는 일이었다. 중학교 때 우리와 다른 교복을 입은 언니들이 반갑게 선생님들과 인사하는 모습이 꽤 근사해보였던 기억이 있었기에 더욱 그랬다.

고등학교에 입학하고 한 달쯤 지났을까, 마침 학교를 일찍 마쳐서 중학교에 갈 기회가 생겼었다. 작년에 같은 반이었던 친구들과 함께 음료수에 과자까지 바리바리 싸들고 도착한 중학교는 기억 속의 모습과는 다르게 묘한 분위기로 둘러싸여 있었다. 건물이나 반의 위치는 그대로였지만 그 안에 가득 찬 사람들은 전부 낯선 사람들로 가득했다. 친했던 선생님들도 몇 분을 제외하고는 전부 자리가 바뀌거나 다른 학교로 가버리셔서 어색하기 그지없었다. 그래도 다행히 담임 선생님은 그대로였다. 같은 자리, 같은 공간에서 익숙한 미소로 우리를 맞아주셔서 얼마나 감사했는지 모른다.
짧지만 길었던 담임 선생님과의 만남이 끝나고, 다른 선

생님들께도 인사를 하러 갔다. 온통 낯선 선생님들뿐인 교무실 안에서 작년에 꽤 친했던 과학 선생님이 보였다. 정말 반갑게 친구들과 함께 달려가 인사를 드렸다. 선생님께서는 친구들 중 유일하게 나만, 기억을 못하셨다. "5반 반장이요, 선생님!" 잔뜩 실망한 목소리로 애원해보아도 선생님은 어색한 미소뿐이었다.

나는 그 이후로 단 한 번도 중학교에 간 적이 없다. 누군가에게 잊힌다는 사실은 늘 사소하지만 큰 충격으로 다가온다. 마지막 과학 수업 날, "고은이 정도면 서울대는 갈 수 있제?"라고 하시며 등을 툭툭 쳐주셨던 기억이 나는 아직도 선명한데, 선생님의 기억 속에서 나는 사라진 지 오래였다.

우리의 기억은 이기적이라 가끔 다른 이의 마음에 상처를 입히곤 한다. 이건 어쩔 수 없는 숙명과 같다. 사람은 모두 자신을 중심으로 삶을 가꾸어 나가고 있고, 자신에게 중요한 것만 기억하게 되는 것은 당연한 일이니 말이다. 어쩌면, 잊힘에 익숙해지는 건 인생이 나에게 준 영원한 숙제가 아닐까 싶다.

058

판단

「오두막」이란 영화에 자신의 막내딸이 납치범에게 죽임 당한 사실을 안 주인공이 신을 만나 원망하는 장면이 있다. 주인공은 왜 당신은 신이면서 악한 납치범을 벌주지 않고 오히려 선한 나의 딸을 데려가느냐고 물었다. 그러자 신은 대답했다.

- 나는 판단하지 않는다. 판단은 네가 잘하지 않느냐. 스스로를 기준으로 이득이 된다면 선으로 판단하고, 되지 않으면 악으로 치부해버리는 것. 그것은 당신이 잘하는 것 아니냐. 그 납치범도 누군가에게는 선한 존재일지도 모른다.

이 장면은 내게 꽤 큰 충격이었다. 한 사람을 만날 때마다 우리는 늘 나의 이익 혹은 취향을 기준으로 그 사람을 판단하기 시작한다. 멋대로 색안경을 쓰고, 분류하고, '저 사람은 저런 사람이다.'라고 단정 지은 뒤 더 알아볼 생각조차 하지 않는다. 누구나 자신만의 가치를 갖고 있다는 것을 모르고 말이다.

내가 멋대로 한 판단들이 내 인간관계의 문제이지 않을까 싶어 두려웠다. 그저 나와 맞는 사람이 적다고 생각했을 뿐인데, 그 생각이 섣부른 판단이었다면. 그랬던 거라면.

분명 안 좋은 점만 있다고 생각했던 사람인데, 알고보니 좋은 면도 있더라.

 또 네가 멋대로 색안경을 꼈구나.

 색안경이 아니라, 그 사람을 멀리서만 봤던 거지. 가까이서 본 적이 없으니 겉으로 보이는 것만 믿었던 거야.

 애초에 그 사람을 제대로 알아볼 생각이 없었던 거 겠지.

#오늘의우울

059

소중한 사람

다른 누군가에게
소중한 사람이 되기 전에
스스로에게 소중한 사람이 되렴.

깨진 거울

너를 좋지 않게 보는 이들에게
굳이 눈치 보며 조심스레 말할 필요 없어.
어차피 그들의 눈에 비친 네 모습은 온통 왜곡되어
있을 테니.

애초에, 이미 깨져버린 거울에 네 진실한 모습이
비칠 리가 없잖아.

 그 사람이 날 좋게 보지 않는다는 걸 알고나니까 나도 모르게 자꾸만 그 사람 앞에서 움츠러들게 돼.

깨진 거울을 다시 붙여봤자 여기저기 왜곡되어 보이는 건 여전할 거야. 그냥 신경쓰지마.

#오늘의우울
2017. 04. 13. 木

감정의 전달

솔직한 감정 전달이 없는 관계는
서로의 감정에 대한 추측만 반복되어서,
결국 쌓이고 쌓인 오해들이
사소한 일에도 폭탄처럼 펑하고 터지고 만다.

딱히 밝히고 싶지 않은 감정이라고 해서
그냥 넘어가버린다면 상대방은 바뀐 그대의 행동에 대해
헛된 추측을 할 수밖에 없다.

그게 오해가 되어버리는 거다.

전달해주지 않고서 오해하지 말라고 소리치는 건
거짓을 말해주고 왜 진실을 찾지 못하냐고 화내는
것과 같다.

가끔은 과하게 솔직해져야
관계를 깔끔하게 만들 수 있는 순간도 있다.

062

문자

어느 날,
부모님과 주고받은 문자 메시지들을
쭉 읽어보았다.

글을 쓰며 수백 번 되뇌었던 문장이
참 무색해지는 순간이었다.

<u>스스로</u>를 안아줄 수 있는 사람이 되자며
사람들에게 그렇게나 외쳤으면서
정작 날 소중히 여겨주는 이들에게는
따뜻한 포옹 한 번 건넨 적이 없었다.

부끄러웠다.

리셋

반짝이는 건 많을수록 좋은 것 같아서,
홀로 빛나기엔 내가 서 있는 밤하늘이 너무 어두워서
더 많은 별들과 함께하길 원했어요.

너무 밝은 빛은
내 눈을 멀게 한다는 사실을
잠시 잊은 채로 말이에요.

전구처럼
스위치 하나로 켜고 꺼지는 게 아닌 것이
별과 별 사이의 관계라
이제는 이 많은 별들을
어떻게 해야 할지조차 모르겠어요.

청소

내게는 쓰레기를 잘 버리지 못하는 버릇이 있다.
'어디엔가 쓸모가 있겠지.'라는 생각으로, 혹은 단순히
아까운 감정이 들어서, 자꾸만 쓰레기를 쌓아두었다.
그렇게 점점 쌓인 쓰레기들은 책상을 온통 어지럽혔고
결국 필요 없는 물건들 때문에 내게 필요한 물건마저
찾지 못하는 상황이 늘 생긴다.

인간관계가 이러한 모습과 참 닮았다고 생각한다.
내게 좋지 않은 영향을 끼치는 사람들을 쳐내지 못하고
받아주기만 하다 보면 정작 소중한 사람을 잃을 수도
있다. 아니, 잊을 수도 있다.

쓰레기는 쓰레기일 뿐, 미련을 갖지 말자.
어차피 버리고 나면 아무것도 아닐 존재,
나에겐 필요 없는 존재.

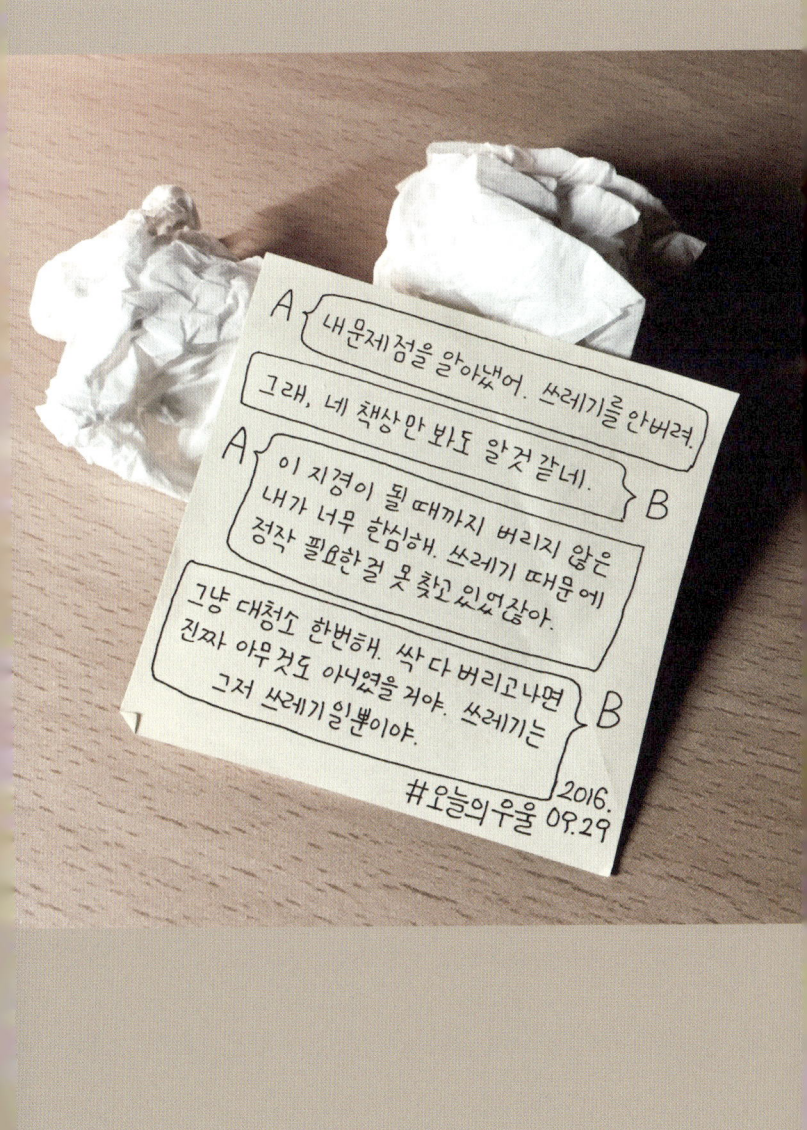

065

색안경

사실 생각해보면 사람들과의 벽은 다 내 손으로 직접 쌓아올린 것이었다. 조금이라도 어긋나는 부분이 있다면 문을 쾅 닫고 벽을 쌓아올렸다. 인간관계는 퍼즐과는 달라서 딱 들어맞지 않아도 충분히 아름다운 그림을 완성할 수 있는데, 미련하게도 난 자꾸만 완벽한 조각을 찾고 있었다.

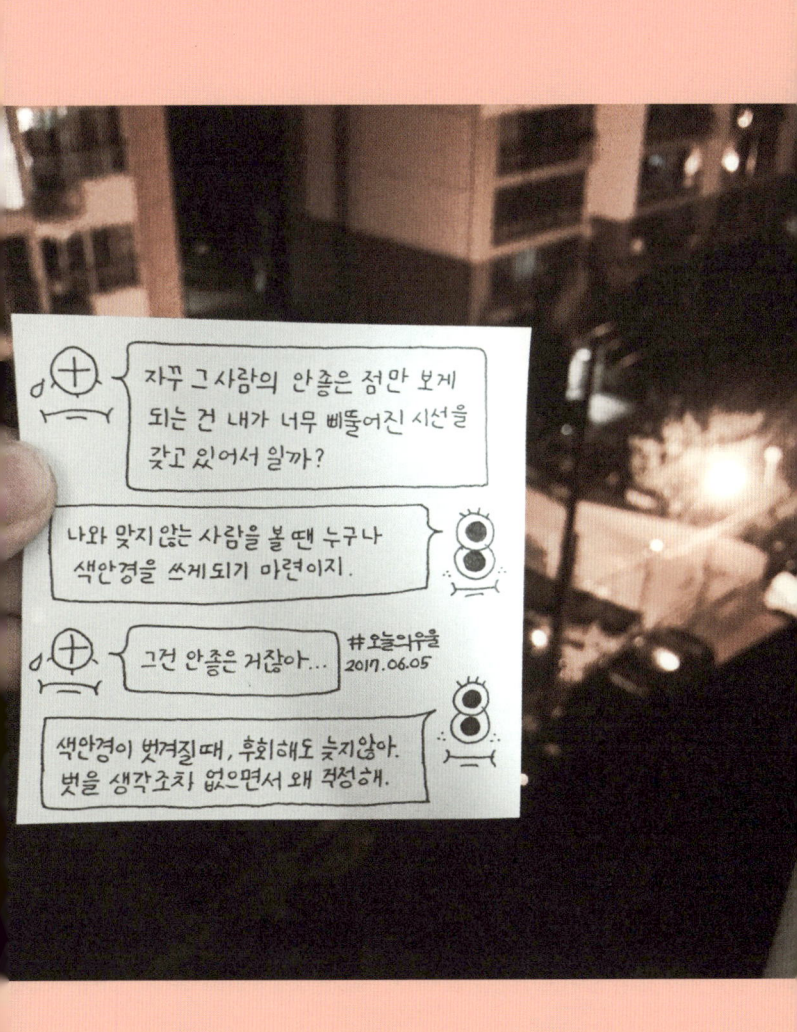

특별함

누군가가 떠난 슬픔 뒤에는
늘 허무함이 따라붙었다.

어쩌면 나의 무던한 노력이 그들에겐 전혀 특별하지
않게 다가갔을까 싶어서, 스쳐 지나가는 사람들과
별다를 바 없는 평범한 지인 중 하나로 남아버렸을까
싶어서, 그 허무함을 견딜 수가 없었다.

도대체 얼마나 더 발버둥 쳐야 나를 남들과 다르게
봐줄까.
얼마나 더 예쁜 말을 내뱉어야 그 많고 많은 연락처들
사이에서 특별한 존재가 될 수 있을까.

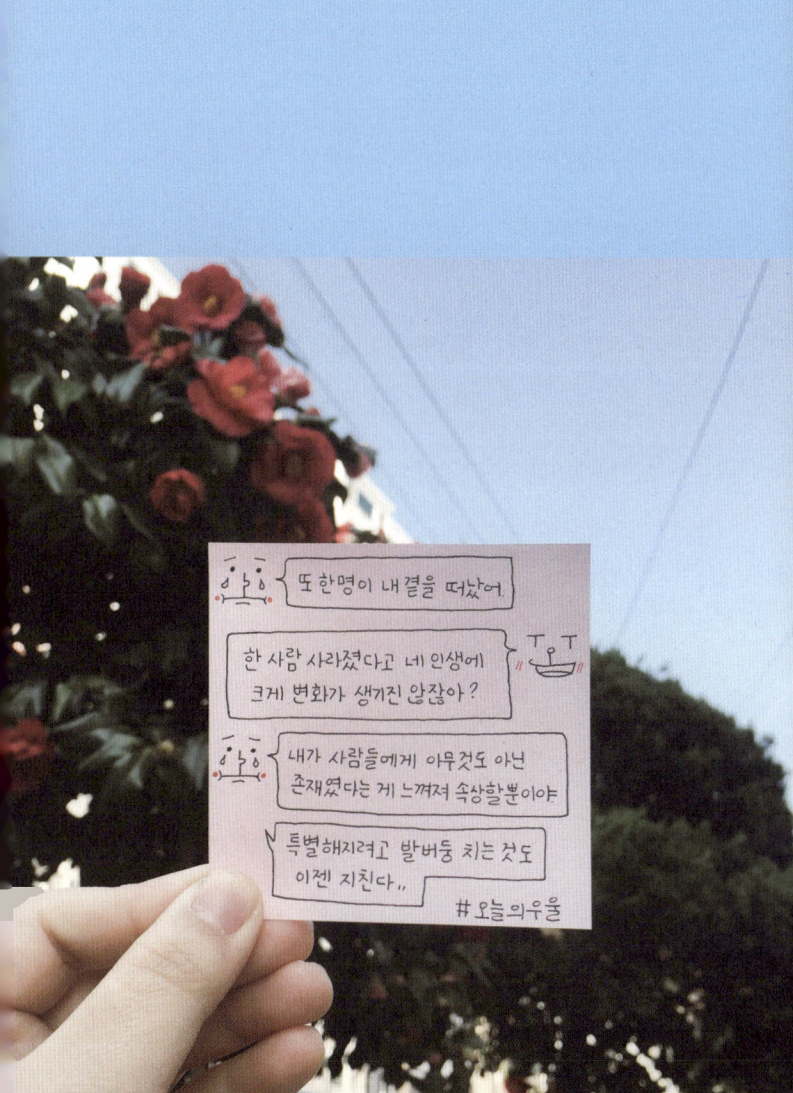

시선 사이의 우울

제4장

나만의 색

색이 진한 사람이 되고 싶었다.
하얀 도화지 같은 그들을 진한 나의 색으로
물들이고 싶었다.
그래서 그들이 더욱 아름다운 그림이 되길 바랐다.

하지만 곰곰이 생각해보면
알록달록 강한 색으로 색칠된 가을도,
그와 다르게 연하고 은은한 색들로 색칠된 봄도,
전부 각자의 아름다움을 지니고 있었다.

진하다고 해서 전부 아름다운 것이 아니었다.
자신과 어울리는 색을 찾을 수 있어야 했다.

다시 꿈을 꿨다.
색이 진한 사람이 아닌, 나만의 색을 가진 사람이
되고 싶어졌다.
나만이 가질 수 있는 색으로 다른 이의 도화지를
물들이고 싶어졌다.

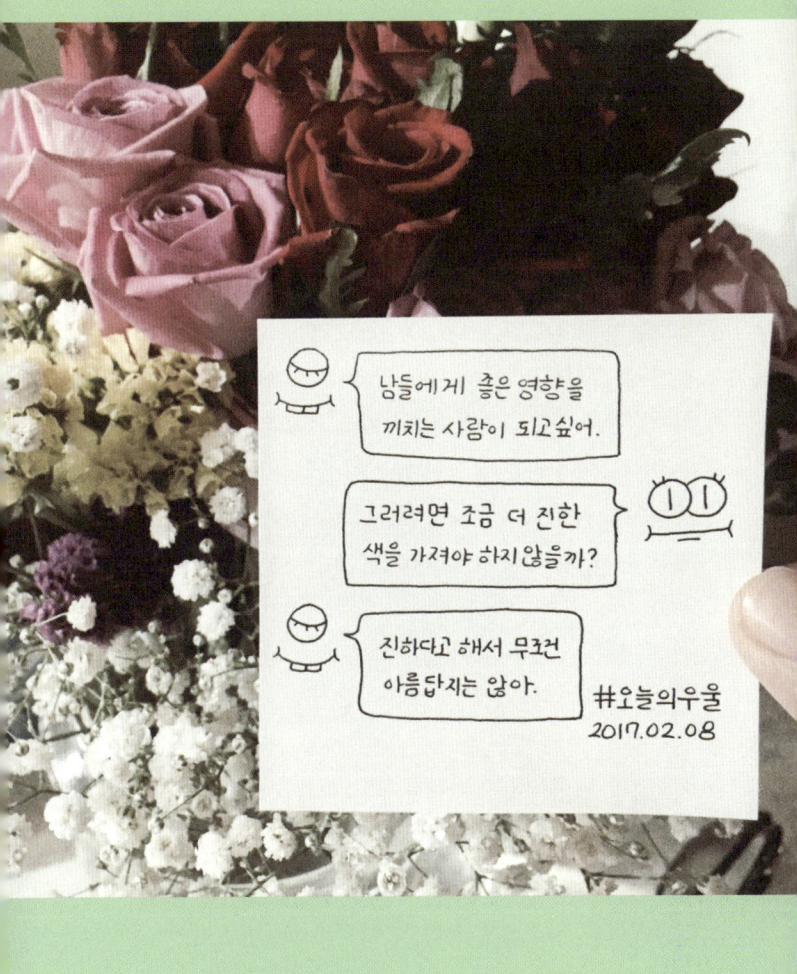

068

당당한 우울

처음 우울한 글을 쓰기 시작했을 때에는 주변의 따가운 시선들이 참 힘들었다. 내 글을 겉으로만 훑고는 "왜 이런 글을 쓰니?", "세상을 너무 비관적으로 바라보는 거 아냐?" 등의 비꼬는 말들은 일상이었고, 오늘의 행복으로 이름을 바꾸라는 말 또한 참 많이 들었다. 하지만 감사하게도 점차 나의 우울에 공감해주시는 분들이 늘어갔고, 현재 적지 않은 수의 사람들이 내 글에 공감을 해주고 있다. 이제 더 이상 우울한 감정을 숨기지 않아도 된다. 우울은 나의 부끄러운 부분이 아닌, 나를 구성하는 한 부분이 됐다.

사람들은 밝고 행복한 것들만 좋아한 게 아니었다. 주변의 시선에 지쳐 잠시 우울한 자기 자신을 숨기고 행복한 모습만 찾았던 것이었다. 그걸 깨달은 지금, 난 글 앞에서는 물론이고, 일상에서도 감정에 솔직한 사람이 되려고 노력한다. 내 마음속 감정들을 내뱉어보지도 않고 '저 사람들은 날 싫어할 거야.'라고 단정 짓는 겁쟁이보다는 잠깐 부끄러워도 오래오래 솔직한 표현을 하는

- Ⓐ 좋은 말만 해야 사람들이 좋아해줘.
- 그들은 전부 거짓말쟁이야. Ⓑ
- Ⓐ 나도 그렇고.
- 내뱉어보지도 않고 단정짓는 넌 겁쟁이지. Ⓑ

\# 오늘의우울 2016.10.11

게 더 나으니까. 그게 내가 이 모든 사람들에게 전하고 싶은 말이니까.

- 당당하게 우울해지세요, 부디.

069

자기 합리화

세상 하나뿐인 단짝으로 남을 것만 같았던 친구와 싸우고 결국 각자의 길을 걷게 된 일이 있다. 그 친구가 입이 닳도록 싫다고 말했던 행동을 그 친구가 그대로 행하고 있는 모습에 실망했던 게 가장 큰 이유였다. 그 정도로 그 행동은 정말 보기 껄끄러웠다.

그 이후로 말을 하거나 어떤 행동을 취할 때 내가 이전에 이 말과 행동을 어떻게 평가했는지 생각해보고 실행에 옮기려고 노력하고 있다. 하지만 그럼에도 불구하고 실수하는 경우가 잦다. 우리는 누구나 자기중심적인 생각을 갖고 살고, 자기 합리화에 익숙해져 있으니 어쩌면 그게 당연한 일이긴 하다. 그렇게 태어났고, 그런 성격으로 살아왔으니 말이다. 하지만 그렇다고 하여 옳지 못한 행동을 고치지 않을 수는 없다고 생각한다.

내게는 아주 사소한 농담으로 내뱉은 말이었을지라도 누군가의 귀에는 평생토록 남을 것이고, 장난으로 한 행동이었을지라도 누군가의 눈에 평생토록 기억될 것이니까.

난 스쳐 지나가더라도 누군가의 기억 속에 좋은 사람으로 기억되고 싶다. 그러기 위해서 나는 오늘도 내일도 꾸준히 나 자신의 말과 행동을 되돌아보려 한다. 어쩌면, 내 입에서 내뱉어진 짧은 한 문장이 누군가에겐 나의 전부일 수 있으니까.

070

나답게

사람들이 좋아해주는 나의 모습만 따라가다 보면
진짜 나를 잃기 마련이니까.

신념

당연한 일이 된다는 건,
어쩌면 내게서 잊히는 것과 마찬가지인 것 같아.
정말 소중한 나만의 신념이라고 생각했던 게
다른 사람들의 머릿속에도 들어가는 순간,
더 이상 그 생각은 나의 뇌에선 반짝이지 않더라.

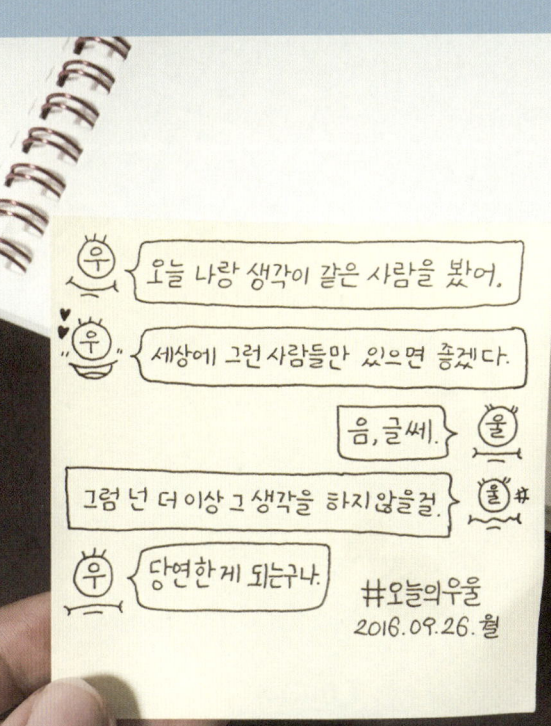

느림의 미학

있죠, 전 남들보다 세상을 조금 더 느리게 살아가요.
생각하는 시간도 길고 말을 내뱉는 속도도 느리죠.
사람들은 모두 제가 답답하다고 더 빠르게
움직여달라고 말해요.
하지만 어쩌겠어요. 아무리 바꾸려고 해도 결국엔
제자리인걸요.

이게 저인걸요.

부디 있는 그대로의 제 모습을 바라봐줘요.
나만의 아름다움을 찾아줘요.
진정한 빛을 마음껏 반짝거릴 수 있게.

073

문득

- 그러니 네가 표정관리를 좀 해라.

길고 장황한 이야기의 끝맺음이었다. 나를 위하는 것 같은 말이었지만 결국 결론은 거짓된 미소를 지으라는 지시일 뿐이었다. 몇 년 전만 해도 스스로의 감정을 표현하는 것에 아낌없는 박수를 쳐주던 사람들이 이제는 감정을 숨기라고 지시한다. '어른'이라는 문턱이 발끝에 닿아오는 게 느껴졌다.

아, 이게 정말 어른이라면, 그토록 내가 갈망하던 자유라면, 난 영원히 저 문턱을 넘지 않을 자신이 있다.

 그러니 네가 표정관리를 좀 해. 뒤에선 욕하더라도 앞에선 호호 웃으며 넘길수 있어야지.

언제는 솔직하라더니 조금 더 성숙해졌다는 이유로 이젠 조금 덜 솔직하길 바라시네요. 그게 이 사회에서의 어른인가요?

#오늘의우울
2017.05.22

달에게

우연히 찍은 사진에 달이 마치 음표처럼 전봇대 줄 가운데에 걸려 있었다. 새까만 밤하늘을 배경으로 밝게 빛나는 달이 그렇게 예쁠 수가 없었다. 마침 연락이 온 친구에게 그 사진을 보내주었더니 더 멋진 표현을 하나 던져줬다. 전깃줄이 만든 선들 중 가장 아랫줄에 달이 걸쳐져 있었는데, 그걸 보고 '새벽처럼 달의 음이 낮네.'라고 말해준 거다.

그래, 그래서 새벽이 그렇게 조용했던 건가 싶다. 누군가는 서로의 귀에 사랑을 속삭이고, 누군가는 눈물을 삼켜내는 모두의 새벽을 위해, 달은 늘 그렇게 하늘을 거닐며 조용한 음악을 연주하고 있었나 보다.

그런 조심스러움이 좋다. 섬세함이 좋다. 너무 과하지 않은 빛을 뿜어내는 달의 음악이 좋다. 영원하지 않음이 좋다. 어쩌면 늦은 시간에 글을 쓰는 것을 즐기는 이유는 달이 나의 우울한 독백에 깔아주는 조용한 배경 음악과 은은한 조명 때문일지도 모른다.

나의 친애하는 달에게,
오늘도 마음 속 편지를 한 글자씩 써내려간다.

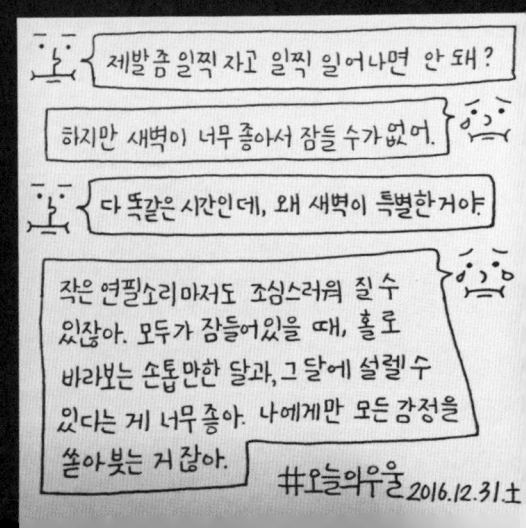

075

마스크

" … 외출 시, 반드시 마스크를 착용하시기 바랍니다."
뉴스에서 아나운서가 맑은 목소리로 말했어요.

맞아요, 우리는 모두 마스크를 써야 해요.
거짓된 미소만 지을 줄 아는 입은 가리고
투명한 눈만 보이게 해요.

축 처진 시선을 위로 올려요.
서로 눈을 맞추고 진심을 주고받아요.
달콤함이 잔뜩 발린 문장들은
더 이상 내뱉을 필요 없어요.

마스크를 써요, 우리.
유일하게 가려지지 않은 두 눈이
그대의 마음속을 투명하게 비춰줄 거예요.

가끔 보면 내가 거짓말을 너무 잘하는 것 같아서 속상해.

진심보다는 거짓된 미소를 더 환영하는 사회에 살고있으니 당연한 거지, 뭐...

#오늘의우울 2017.05.19.금

시선

사람들의 날카로운 눈빛에 찔리고 싶지 않아
뒤도 돌아보지 않고 멀리 멀리 도망쳐왔는데,
분명 그랬다고 생각했는데,
왜 여전히 따가운 눈빛들이 여기저기서 날
목 죄어오는 걸까요.

- 아아, 그랬군요. 이건 당신의 시선이 아니라,
나의 시선이었군요.
제가 제 스스로를 그렇게 날카로운 눈으로 바라보고
있었군요.

기대

우리는 매일 실망을 해요.
"아, 여기 밥 맛있어보였는데 생각보다 별로네."
"아침에는 분명 날씨가 좋을 것 같았는데 왜 이렇게 흐리지."
평소라면 그냥 넘어갔을 일들도
한 번 기대하기 시작하면 우울함의 원인이 되어버리죠.

그러니 너무 기대 말아요.
늘 친절한 세상은 존재하지 않아요.
그 대신 소소한 행복들이 그대에게 찾아올 거예요.
늘 예쁜 꽃들은 생각지 못한 곳에서 피어나고,
가장 밝은 달은 무심코 올려다본 하늘에 떠 있기
마련이니까요.

- 참고로, 오늘 밤에는 별이 참 예쁘대요. 그대가
무심코 올려다본 밤하늘에 반짝임이 가득하길
조심스레 바라봅니다.

세상은 왜 늘 친절하지 않을까.

대신 소소한 행복들을 선물해주지.

아, 생각지도 못한 곳에 꽃들이 피어나고, 무심코 올려다 본 하늘에 밝은 달이 떠있는 것처럼.

#오늘의우울
2016.12.17.토

078

변덕

내가 하는 일에 있어서는
누구보다 성숙한 사람이 되고 싶지만
지치거나 힘들 때면
누구보다 어린아이가 되고 싶다.

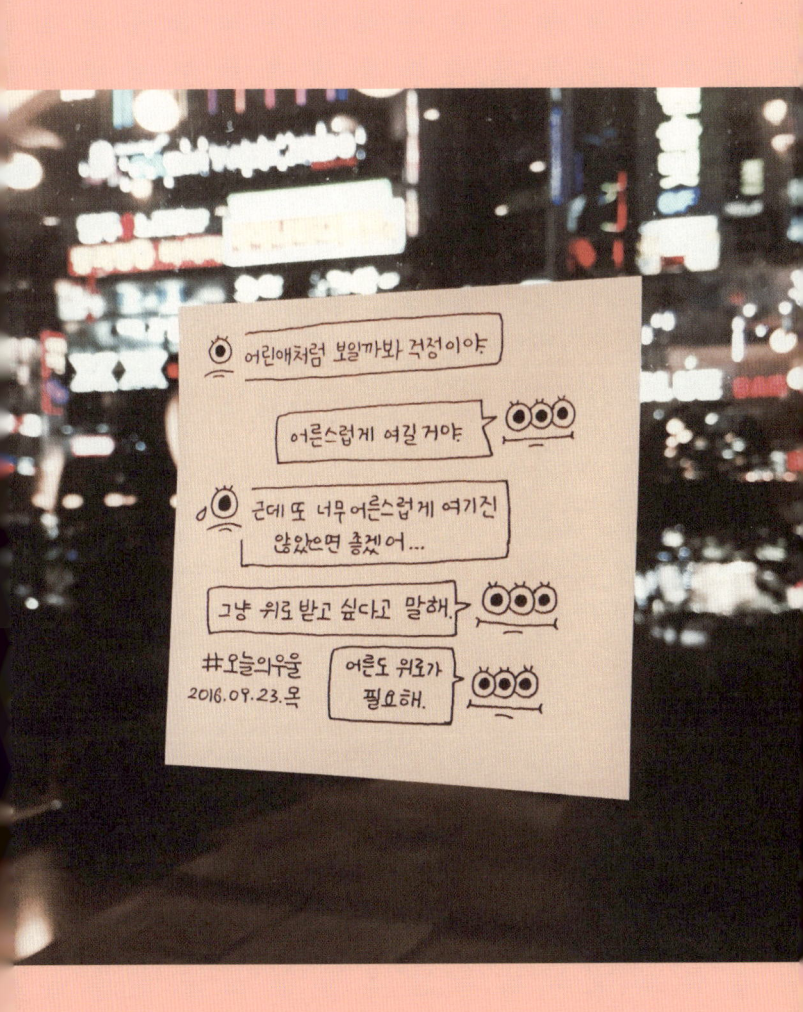

근데 있잖아

네가 날 아무리 깎아내려도
나는 여전히 내가 좋아.
완벽하지는 못해도
사랑할 줄은 알거든.

깎아내릴 줄만 아는 너는
해보지도 못한 '사랑' 말이야.

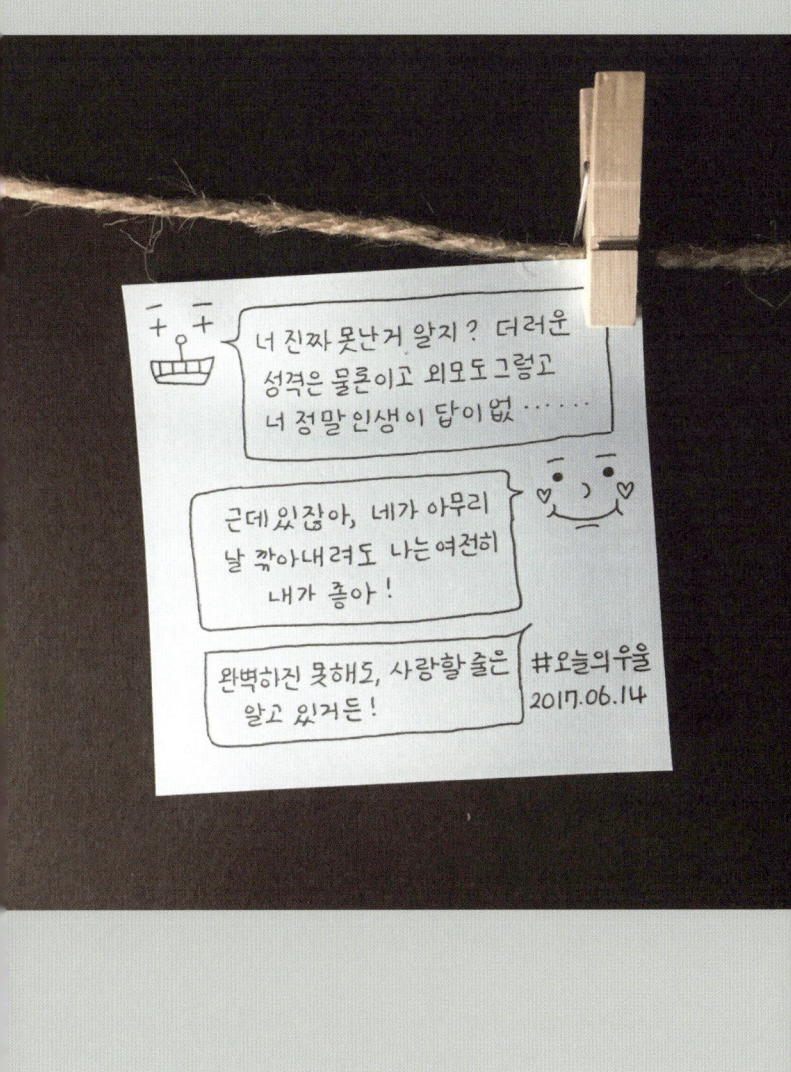

080

원망

어젯밤에도 새삼스럽게 또 내가 평범한 가정에 속해 있기를 바랐다.
안개 가득한 꿈속을 헤치고 걸어가서는 달의 일기장에 부디 내게도 화목한 가정을 달라고, 부탁한다고 몰래 적어두고 왔다. 그 누구도 탓할 수 없는 것을 알아서 더 속상한 나의 환경, 나의 평범하지 않은 구석. 그걸 알기에 자꾸만 나는 아무도 무어라 할 수 없는 꿈속으로 떠난다. 아무 죄 없는 달이라도 탓하며 나의 평범하지 못함을 원망해보려고. 그렇게라도 이 우울의 원인을 만들어보려고.

 가끔 바꿀 수 없는 환경이나 존재들 때문에 너무 우울해.

 탓할 사람조차 없는 이유들이니까.

 맞아.. 그냥 나도 처음부터 남들처럼 평범했다면 좋았을 텐데.

 누구나 평범하지 않은 구석 하나씩은 갖고 있는 법이야.

찬바람

아무도 달리지 않는 좁은 골목길은 바람이 약하다.
하지만 골목길을 벗어나, 큰 찻길로 나가면
얌전하던 머리카락도 바람에 몸을 휘날리기 바쁘다.
차들은 어디 바쁘게 갈 곳이라도 있는 듯이 매섭게
달린다.
커다란 8차선 차도 옆을 거닐며 생각했다.
찬바람은 저 멀리 시베리아 어디선가 불어오는 게
아니고요, 우리가 만드는 거예요.
앞만 보고 달리는 우리의 매정함이 만드는 거예요.

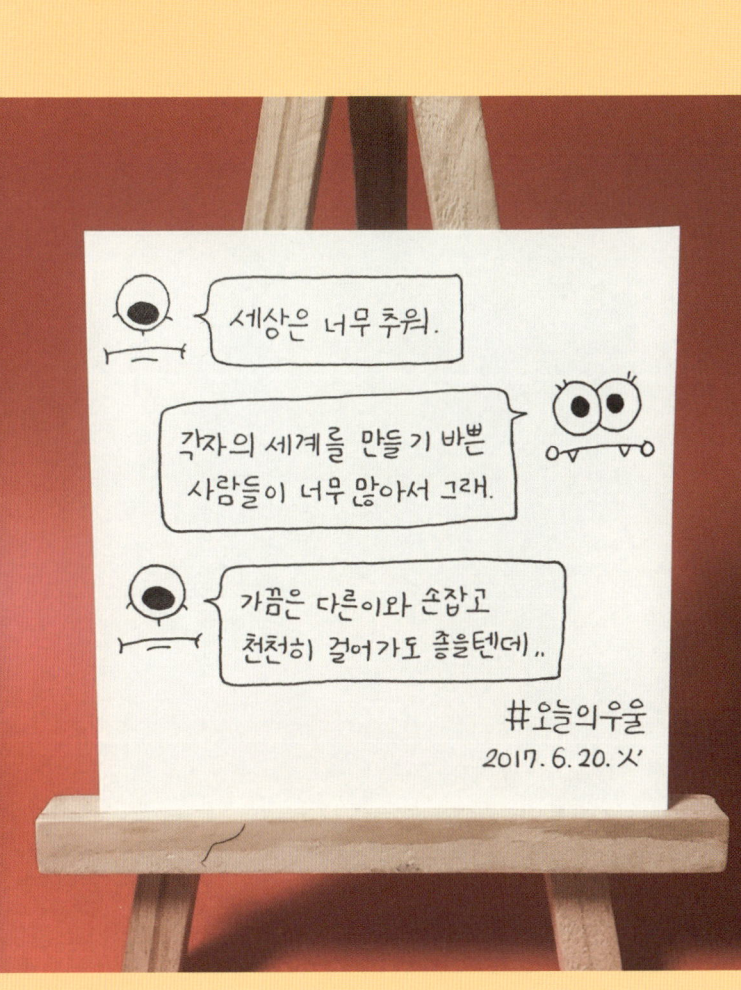

결코 우울하지

제5장

않은

우					울

색칠

나는 다짐했어요.

이제 다신 물감으로 사랑을 색칠하지 않겠어요.

내 생각보다 많이 짜버린 물감은 잔인하게도 순식간에 종이에 스며들어버리고, 스며든 물감은 고치지조차 못해서 자꾸 종이에 덧칠을 하게 만들어요. 엉망진창이 된 종이는 많이 짜버린 물감이 너무 아까워서 찢어버리지도 못해요. 그렇게 몇날 며칠을 펑펑 울기만 했어요.

- 내 사랑, 아까워서 어쩌지.

이제 물감은 버리고 얇은 색연필로 사랑을 색칠할 거예요. 비록 물감처럼 종이에 깊게 스며들진 못하겠지만, 적당히 연한 그림을 그릴 수 있겠죠. 잘못 그린 선들도 지우개로 슥슥 지울 수 있겠죠. 진하지 않은 그림을 그렸으니 그 사랑도 내 가슴속에 진하지 않게 머무르다 사라지겠죠. 그럼, 아마 조금은 덜 아프겠죠.

 다신 누군가를 깊이있게 사랑하지 않을거야.

그럼 사랑이 무슨 의미가 있어?

 너무 깊이 빠지는 건 이제 무서워. 지우고 싶어도 지워지지 않는 추억들이 너무 많아진단 말이야.

\#오늘의 우울
2017. 06. 26. 月

083

약속

언젠가 네게 했던 수많은 약속들을 지키지 않아도 되는 날이 와도 이것만은 부디 잊지 말아줘. 내가 내뱉은 문장 하나하나 전부 진심이었다는 거. 그 순간만큼은 진심으로 널 사랑했다는 거.

시간이 지나 약속들이 모두 빛바랜 추억으로 변해버려도 그 순간들은 늘 사랑으로 물들어 있을 거야. 그리고 그 약속들은 진심의 순간들을 기억하게 할 거고. 그러니 난 오늘도, 내일도, 널 사랑하는 그날까지, 매일 새로운 약속을 하나씩 내뱉을게. 너와 나의 푸르렀던 순간들이 영원히 아름답게 기억될 수 있게. 여름의 나뭇잎이 전부 떨어지고 낙엽이 되더라도 우리는 그 뜨거웠던 시절을 사진으로, 음악으로, 온몸으로 기억하고 있듯이 말이야.

오늘도 약속할게, 우리의 사랑을.

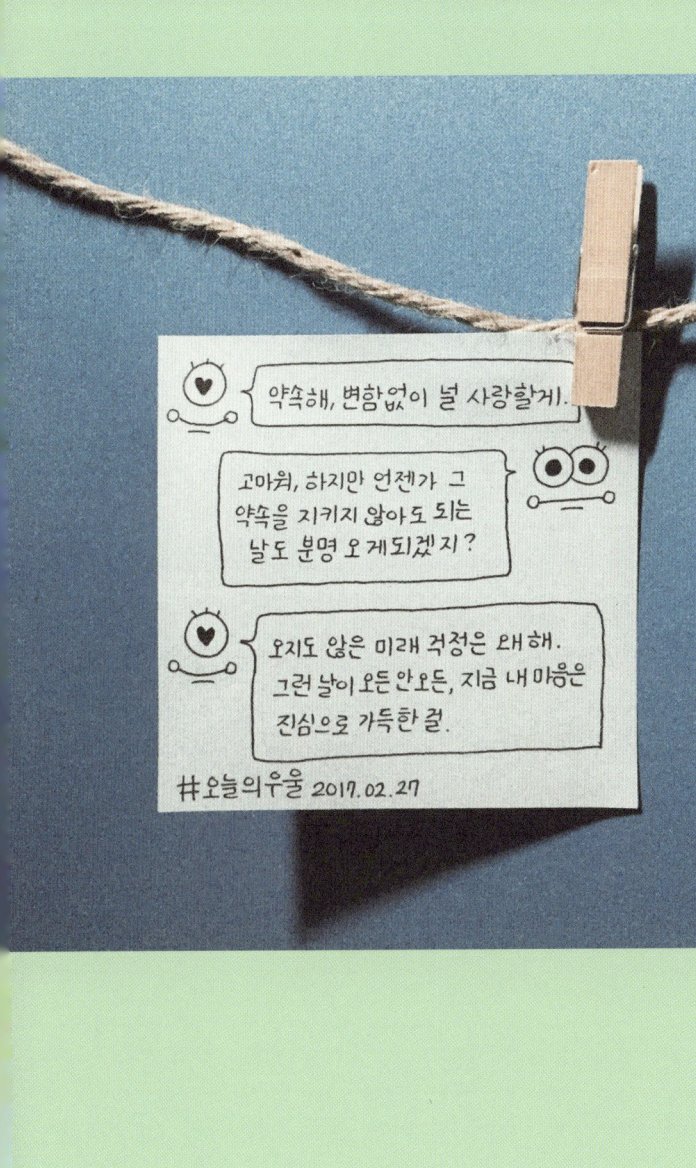

우유

- 우유와 같은 색을 지니고 싶다.
그대를 처음 본 날, 그런 생각을 했다.
새하얀 그대의 마음 위로 수백 번 엎질러져도
티 나지 않게,
내가 그대의 마음을 탐했음을 그가 모르게,
혹여나 내가 소리 없이 증발해버린다 하여도
그대가 날 그리워하지 않게,
그대에게 난 그렇게 불투명한 존재가 되고 싶었다.

그렇게라도 그대의 곁에 머무르고 싶었다.

내가 그를 사랑했다는 사실을 그 누구도 몰랐으면 좋겠어요.

아무런 흔적도 안 남기고 끝내기엔 사랑한 시간이 아까울 것 같지 않아요?

하지만 그래야 내가 그의 곁에 잠시나마 머물 수 있으니까..

#오늘의우울
2017. 03. 06. 月

085

앙상

인간이 인간을 먹는 게 합법화된다면,
난 가장 먼저 숟가락을 쥐어들고 그대의 왼쪽 눈을 한 스푼 떠서 입안으로 넣겠다. 혀로 감싸 안겠다. 이로 잘근잘근 씹어 부서지는 조각들을 음미하겠다. 그대가 그녀를 바라보던 시선까지 다 소화시켜버리겠다.
그럼 당신의 사랑을 조금이나마 알 수 있겠지.

그녀를 바라보는 그 사람의 시선이
너무나 사랑스러워서, 슬펐어.

그 사람은 그녀를 사랑하고
너는 그런 그 사람을 사랑하고.

시선의 대상을 나로 바꾸는 것까지는
아니더라도, 딱 1초만이라도 저 시선을
느껴보고 싶어. 정말 황홀할 텐데.

＃오늘의우울
2017.03.09

전부

너의 어두운 밤을 안아주는 존재가 아닌
밤하늘 그 자체가 될게.
그러니 넌 그저 밝은 달로 피어나
아름답게 빛나주기만 하면 돼.
나의 어둠으로 언제나 널 포근히 안아줄게.

 넌 내 전부가 되어줘. 난 광활한 네 우주의 은하수로 수놀아질게.

응, 네 전부가 될게. 어둠을 밝히는 달이 아닌, 어둠 그 자체가 될게. 대신 네가 달이 되어 밝게 빛나줘.

2017.06.25 #B에게

 응, 그럴게. 예쁘게 빛날 테니 네가 어둠으로 포근히 감싸줘.

우주가 꽃을 피웠다

나의 우주, 나의 전부.
아무것도 존재하지 않는
이 무한한 공간에서
너라는 꽃을 피어줘.

088

감기

남들과 다른 온도를 느끼는 건 꽤 서러운 일이다. 바람이 부는 것도 아닌데 자꾸만 어깨가 떨려서 친구에게 "오늘 조금 추운 것 같아."라고 말을 건넨 뒤에야 나만 다른 온도의 공간에 있다는 사실을 깨달았다. 감기는 늘 그렇게 찾아온다.

처음에는 목이었고, 그다음은 코, 이제는 머리까지 아려 온다. 마치 차마 뱉어내지 못하고 꾹꾹 삼켜왔던 말들이 악을 쓰고 올라와 머리까지 잠식해버린 느낌이다. 조금이라도 아플 때 먼저 약을 먹었어야 했는데, 아픔이 목구멍 아래로 내려갈 때까지 기다리고만 있었던 것을 뒤늦게 후회했다.

내 생각보다 넌 나에게 많이 소중한 존재였나 보다. 목구멍을 타고 올라오려는 속마음을 삼키고 또 삼켰더니, 결국 코로 올라가 네 향기마저 사랑하게 만들고, 이제는 머릿속까지 온통 너로 가득 차 그리움으로 뇌를 적신다. 그래, 아마 너는 내게 감기였나 보다.

있지, 넌 내게 감기 같은 존재야.

예상치도 못한 순간에 찾아와
몸과 마음 둘 다 그리움으로
흐믈흐믈 녹여버리는, 그런 존재.

그때, 차마 내뱉지 못했던 진심이
아직 마음속에 남아있나봐.

난 여전히 이 자리에서 널 앓고있어.

#오늘의우울 2017.06.03.土

089

B에게

새삼스럽게 또 생각난 건데,
나는 너와 나만이 가질 수 있는 이 분위기가 참 좋아.
세상 어디를 가도 느낄 수 없을 것 같아.

물론 사랑의 이름을 가졌다면 모두 아름답겠지만,
이여쁜 꽃들도 다 각기 다른 향기를 갖고 있듯이
우리의 사랑도 남들과는 다른 특유의 향이
존재한다고 생각해.

너무 독하지도 않고, 너무 연하지도 않은
특유의 이 달콤 쌉싸름한 향이 참 마음에 들어.
영원히 우리 주변을 은은하게 채워주면 좋겠어.
그러다 보면 그게 우리의 분위기가 되고, 색이 되고,
사랑이 되겠지.

새삼스럽게 또 사랑해, 나의 B.

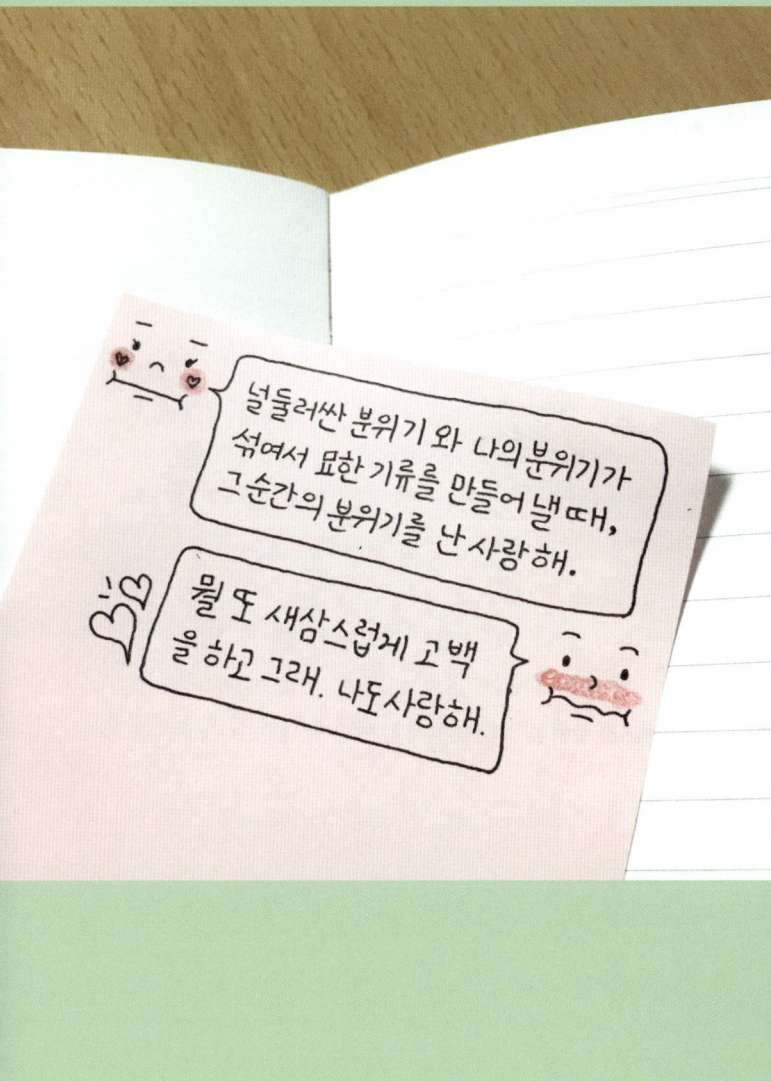

090

부디

부디 깊이 잠들어줘.

내가 몰래 찾아가 너의 머리카락에 투명한 눈물을 흘려도 눈치 채지 못하게. 휘파람처럼 살근살근 새어나오는 너의 숨소리를 가까이 하려 널 꽉 껴안아도 잠에서 깨지 않게.

나는 네게 기대고 싶은 존재가 되고 싶지, 기대는 존재가 되고 싶지 않아. 널 안고 싶지, 안기고 싶지 않아. 하지만 아주 가끔 눈물이 필요할 때, 널 몰래 껴안을게. 부디 그때만큼은 깊이 잠들어 눈치채지 못한 척해줘.

난 네게 기대고 싶은 존재가 되고싶지,
네게 기대는 존재가 되고싶진 않아.

하지만 너도 눈물을 마음놓고
흘릴 공간이 필요하잖아.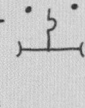

 그럼 모두가 잠든 밤, 몰래 널
찾아가 꼭 안고 갈게. 모르는 척 해줘.

\#오늘의우울
2017.03.15

영원

너의 혀는 오늘도 내게 꽃을 내뱉는다.
혀에서 사뿐히 떨어지는 그 꽃잎이
마치 "나는 영원하지 않아요."라고
외치는 것만 같아서
나는 오늘도 있는 힘껏, 혀를 내밀어
그 꽃잎을 받아먹을 수밖에 없다.

봄

벚꽃이 피지 않아도 봄은 늘 아름답단다.
네 자체가 이미 내겐 봄인데,
어찌 넌 꽃 하나 피지 않았다고 속상해하느냐.

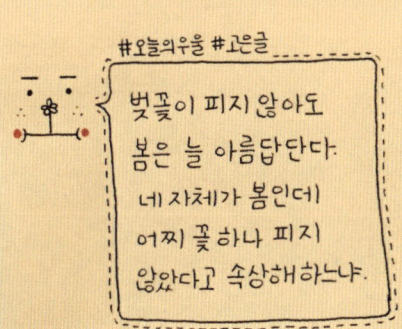

#오늘의우울 #고은글

벚꽃이 피지 않아도
봄은 늘 아름답단다.
네 자체가 봄인데
어찌 꽃 하나 피지
않았다고 속상해하느냐.

좋은 시

네가 내 글을 보고 울어주면 좋겠어.
화사한 미소를 지어주면 좋겠어.
다정한 평을 해주면 좋겠어.
단어 하나하나 곱씹어주면 좋겠어.
그 전에, 내가 좋은 시를 쓸 수 있으면 좋겠어.

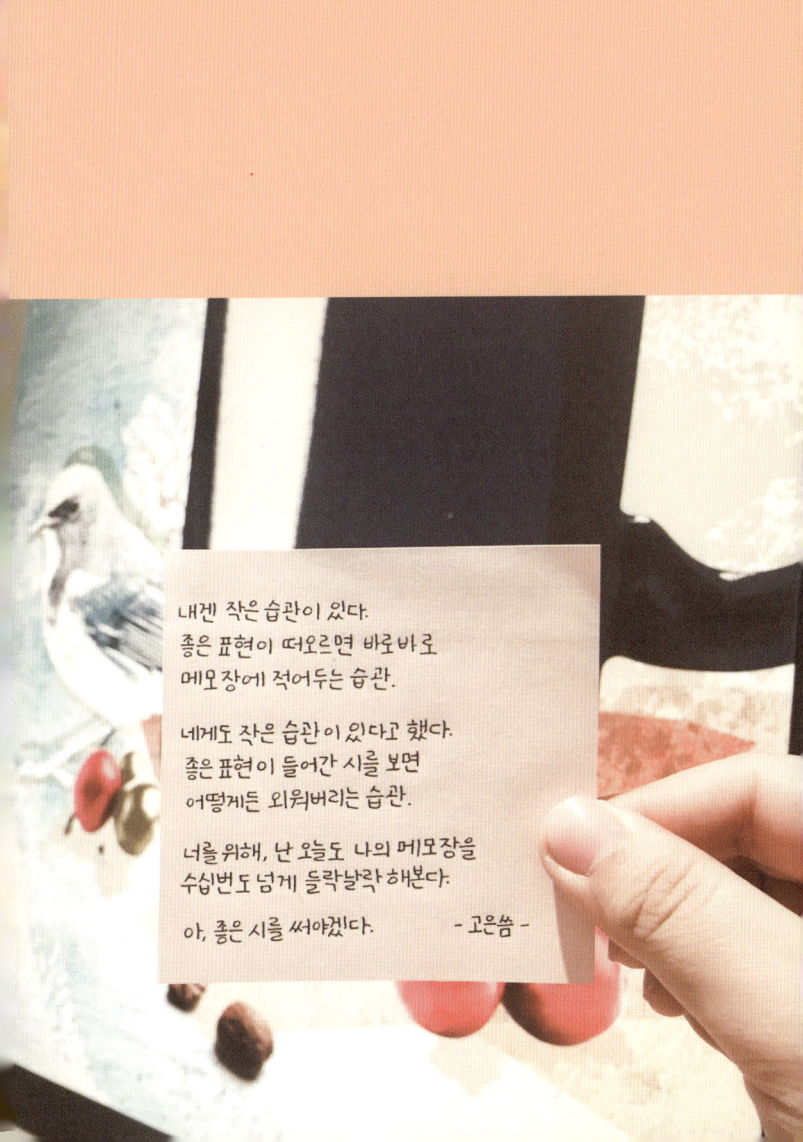

내겐 작은 습관이 있다.
좋은 표현이 떠오르면 바로바로
메모장에 적어두는 습관.

네게도 작은 습관이 있다고 했다.
좋은 표현이 들어간 시를 보면
어떻게든 외워버리는 습관.

너를 위해, 난 오늘도 나의 메모장을
수십번도 넘게 들락날락 해본다.

아, 좋은 시를 써야겠다.   - 고은쏨 -

094

응답 없음

왜 너에게 던지는 질문들은
모두 허공만을 맴돌까.

왜 너에게 보내는 감정들은
아무도 모르게 침전해버릴까.

언제쯤이면, 나의 고백들이
네게 전해질 수 있을까.

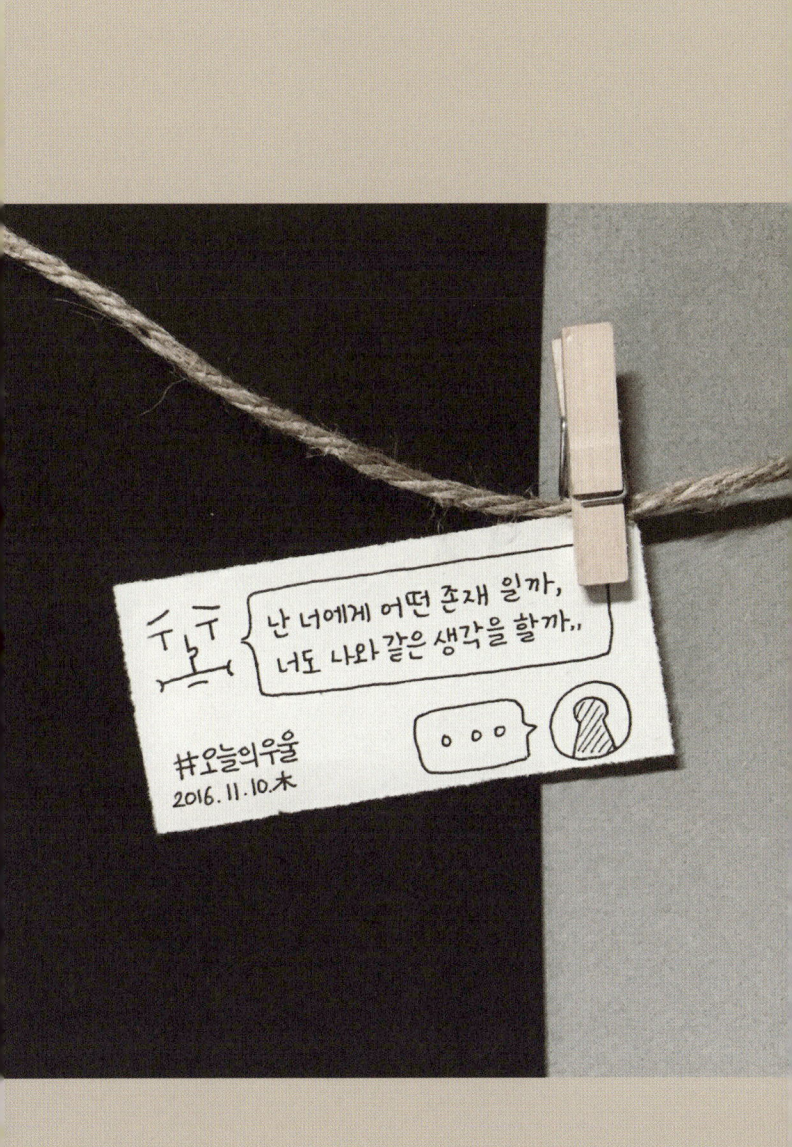

095

추억

너와의 연애는
되짚으면 되짚을수록
내가 이기적인 사람이었다는 게
자꾸만 드러나서
오늘도 난 너와의 추억들을
다른 장면으로 뒤덮기 바빠.

아, 정말 떠올리기 싫은 추억들이야. 나 그때 그 사람한테 왜 그렇게 못되게 굴었지?

글쎄, 네가 그를 사랑하는 것보다 그가 널 사랑하는 마음이 더 크다는 걸 알았어서?

096
무의미한 대화

아마 너도 알고 있겠지.
우리가 소중하다고 생각하는 많은 대화들의
대부분이 사실은 무의미하다는 거.

그걸 알면서도 우린
오늘도 짧은 몇 마디를 조금이라도
더 주고받기 위해 매일
새벽의 끝자락을 붙잡고 있잖아.

그리고 아마 너도 알고 있겠지.
이게 우리가 진짜 바라던 소소한 사랑이라는 거.

097

꽃밭

그대의 꽃밭에서도 유난히 눈이 가는 꽃이 되고 싶었다. 아름다운 꽃들 사이에서 특별해질 수만 있다면, 난 썩은 꽃도 될 수 있었다. 그렇게 해서라도 난 그대에게 단 하나밖에 없는 꽃으로 남고 싶었다.

look_at_me

그대의 단 하나뿐인 꽃이 되고 싶어요.
남들과는 다른, 유일한 존재가 될래요.
부디 절 다른 시선으로 바라봐줘요.
사랑이 아니라도 좋으니, 바라봐줘요.

#오늘의우울 2017.05.17

098

나를 위해

알고 있어, 다 부질없다는 것.
네가 믿어주지 않을 걸 알면서도 자꾸만 네 귀에
거짓을 속삭이는 이유는 오직 나의 안녕을 위해서란
것쯤은 너도 알고 있잖아.
나의 사랑은 오직 나의 아늑함을 위해 태어났는 걸.

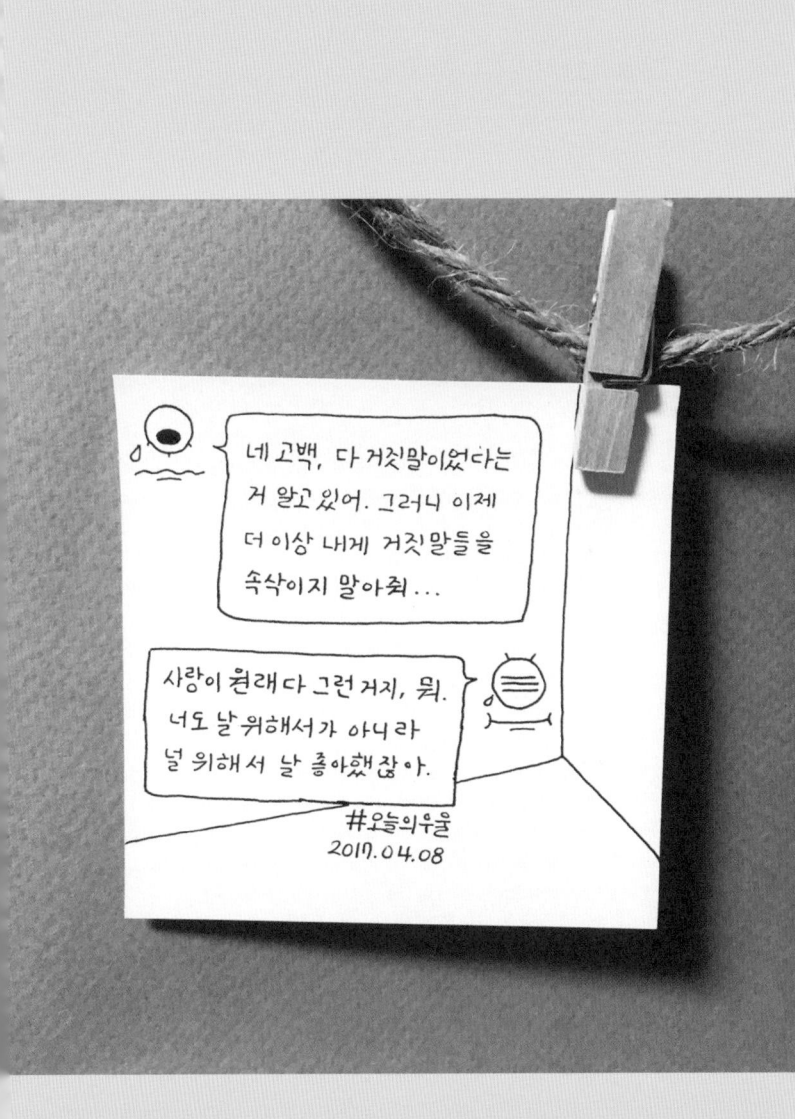

꽃말은 사랑

다음 생에는 그대가 꽃으로 피어나길 바라요. 그 꽃 이름은 사랑이 좋겠네요. 꽃집에 가 사랑 한 송이 주세요, 하고 그대를 주문해볼 수 있게요. 그렇게라도 그대를 사랑이라 불러볼 수 있게요.

- 사랑 한 송이 주세요. 아, 포장은 필요 없어요.
그 사람은 그 자체만으로도 아름다우니까요.

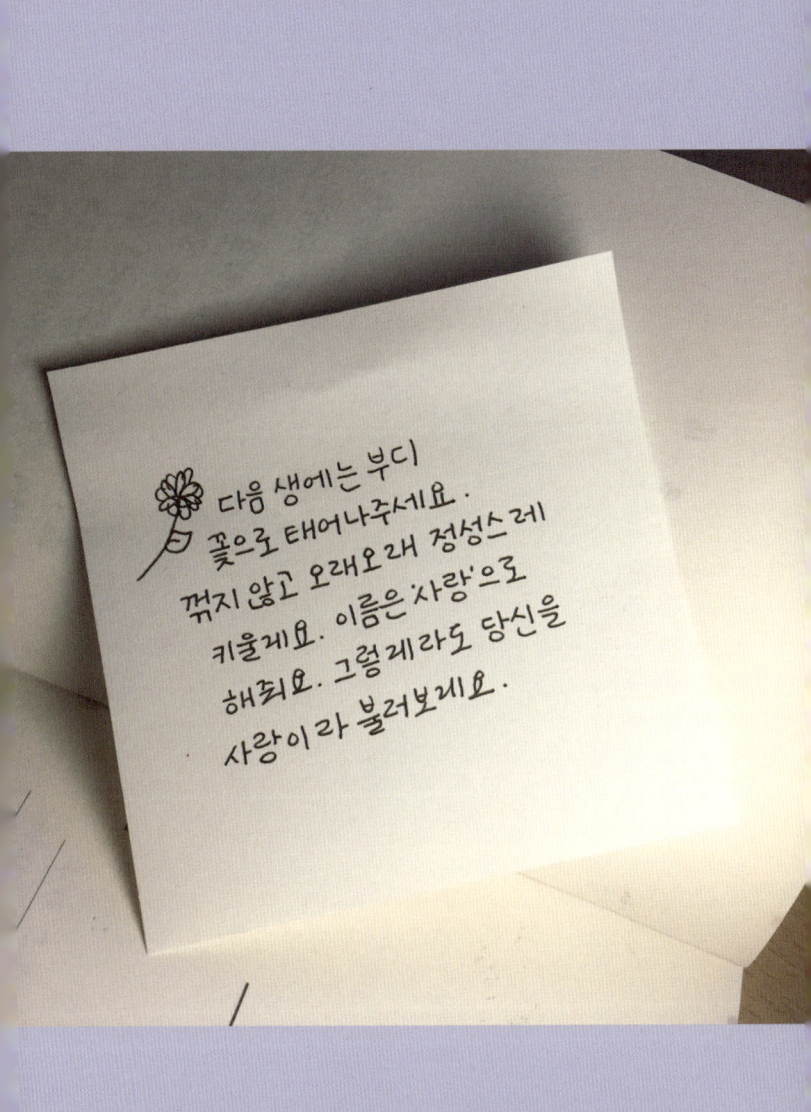

다음 생에는 부디
꽃으로 태어나주세요.
꺾지 않고 오래오래 정성스레
키울게요. 이름은 '사랑'으로
해줘요. 그럴레라도 당신을
사랑이라 불러보게요.

사랑하는 순간

나는 그대가 문장과 문장 사이의 틈에서 잠시 입술을 깨무는 순간을 사랑합니다. 소중한 그 문장이 쉽게 튀어나오지 못하도록 꾹 다무는 그 입술을 부디 자주 보여주세요. 그럼 저는 다급하게 다음 문장을 이을게요.
- 사랑해요.

나 할말이 있는데요, 그게..어... 사, 사랑..

사랑해요.

이거 말하려던 거 맞죠? 난 그대가 수줍어할때마다 기분이 너무 좋아요. 아직 우리의 사랑이 그대 마음을 간질고 있구나- 싶어서요.

#My B에게

101

온도

길을 걷고 있는데 어디선가 후끈한 열이 느껴졌습니다. 시동이 꺼진 지 얼마 되지 않은 것 같은 차가 옆에 서 있었습니다. 기분 나쁜 온기를 피해 한 걸음 물러서다 문득 우리가 처음 만난 날이 떠올랐습니다.

유난히 더웠던 여름날, 그대에게서는 유난히 뜨거운 무언가가 흘러나왔습니다. 처음 느껴보는 온도에 저도 모르게 적당 거리를 유지하려 애썼던 것 같아요. 꽤 시간이 흘러서야 사람들이 그걸 부끄럼이라 부른다는 것을 알았습니다. 어색했던 그 열기는 두 손이 맞닿고, 두 입술이 맞닿고, 두 마음이 맞닿으면서 더 이상 뜨겁게 느껴지지 않게 되었습니다.

나의 온도가 그대의 온도와 같아졌다는 뜻입니다.

잊고 지냈던 그날의 온기가 다시 기억 속에 떠오르는 것은, 여름이 지나고 겨울이 오고 있기 때문이겠죠. 주변은 자꾸만 더 추워지겠지만 우리의 온도는 더욱 더 올라가면 좋겠습니다. 기분 좋은 그 열기를 더 내뿜어주세요. 손난로라도 된 것처럼 매일 쥐고 놓지 않을 테니까요.

아, 오랜만에 겨울이 반가워지려고 합니다.

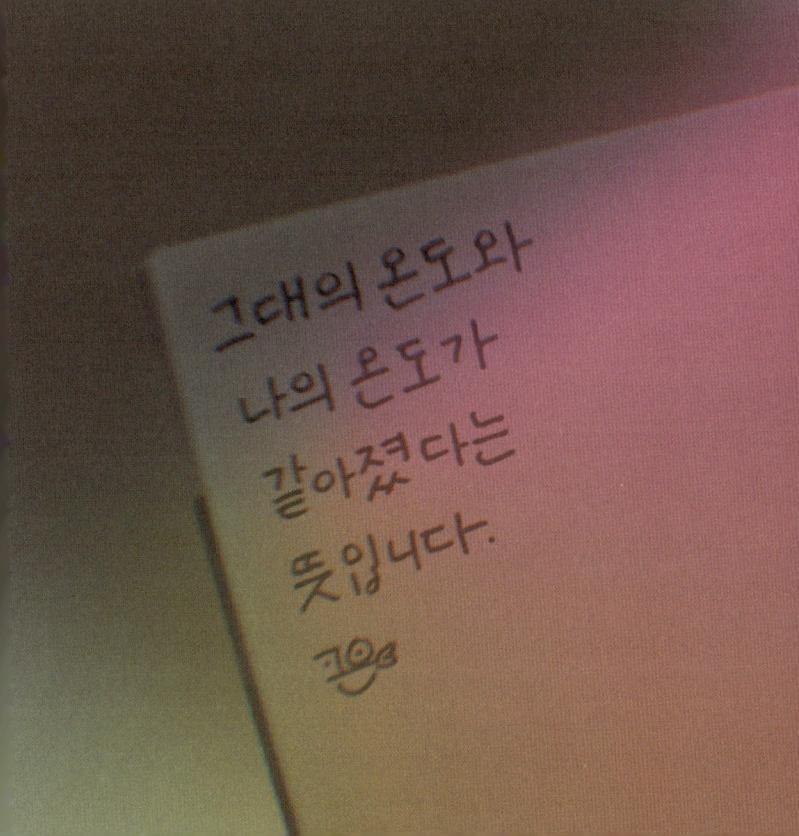

욕심

카페에서 가장 큰 사이즈의 커피를 주문했다. '이왕 먹을 거 많으면 좋지.' 같은 생각이었다. 받은 커피는 생각보다 훨씬 큰 사이즈였다. 손이 작은 내가 한 손에 들기엔 너무 불안했다. 결국 다른 한 손에 들고 있던 우산을 접고 두 손으로 커피를 쥐었다. 비가 오는 날이었고, 나는 우산 없이 그 속을 걸어갈 수 없었다. 괜한 욕심 때문에 어딘가로 이동할 수도, 커피를 여유롭게 마실 수도 없게 되었다.

마치 너를 잡으려 애썼던 내 모습과 같았다. 다른 사람에게 갈 수도, 너와 달콤한 연애를 할 수도 없었던 그때. 어쩌면 너무 큰 사이즈의 커피처럼 너 또한 내게 너무 벅찬 사람이었던 걸지도 모른다. 다른 무언가를 포기하지 않으면 손에 쥐어볼 수조차 없는 그런 사람 말이다.

그래, 욕심. 내가 또 괜한 욕심을 부렸나 보다. 오늘 따라 커피가 썼다.

어쩌면, 너 또한 내게
너무 벅찬 사람이었을 지도
모른다.

당당하게
우울한 사람이 되세요

책을 시작하면서도 말했지만, 이 책은 여러분을 위한 책이 아니다. 하지만 여러분을 위한 게 아닌 동시에 여러분을 위한 책이 될 수 있다면 좋겠다. 당당하게 우울해지라는 나의 바람이 그대의 머릿속에 작게나마 새겨져, 조금의 변화라도 가져다주면 좋겠다.

그리고 언젠가 다시 이 책을 펼쳐볼 나에게도 전해주고 싶다. 마음속 깊은 우울함을 잊지 말라고. 나의 원동력이 무엇이었는지, 스스로를 안아주는 법이 무엇이었는지, 글이 나에게 주는 의미가 무엇이었는지, 잊지 말라고.